1. Wörterverzeichnis

2. Wörterverzeichnis

Übungen zum Nachschlagen

Wörterbuch

für die Grundschule

westermann

Tipps für das 1. Wörterverzeichnis

Wenn du nicht weißt, wie ein Wort richtig geschrieben wird, kannst du hier nachsehen.

Der ☆ zeigt dir, bei welchem Buchstaben im Alphabet du dich gerade befindest.

Alle roten Wörter sind **Nomen**,
die blauen Wörter sind **Verben**,
und die **Adjektive** sind in grüner Schrift.
Bei den Verben findest du zuerst die Grundform,
zum Beispiel **lesen**.
Dahinter kannst du dann sehen, wie sich das Wort verändert,
wenn du mit **er**, **sie** oder **es** einen Satz bilden würdest,
zum Beispiel **er liest**.

Ab bis An

ab
der Abend, die Abende
abends
aber
acht
der Affe, die Affen
alle
allein
alles
als
also
alt, älter
am
die Ameise, die Ameisen
die Ampel, die Ampeln
an
andere

An bis Au

anders
der Anfang, die Anfänge
anfangen, er fängt an
die Antwort, die Antworten
antworten, sie antwortet
der Apfel, die Äpfel
der April
die Arbeit, die Arbeiten
arbeiten, er arbeitet
der Arm, die Arme
der Arzt, die Ärzte
die Ärztin, die Ärztinnen
der Ast, die Äste
auch
auf
die Aufgabe, die Aufgaben
der Aufsatz, die Aufsätze
das Auge, die Augen
der August
aus
außerdem
das Auto, die Autos

Ba bis Be

das Baby, die Babys
backen, er backt
der Bäcker, die Bäcker
baden, sie badet
bald
der Ball, die Bälle
die Banane, die Bananen
die Bank, die Bänke
der Bär, die Bären
basteln, er bastelt
der Bauch, die Bäuche
bauen, sie baut
der Baum, die Bäume
die Beere, die Beeren
bei
beide
das Bein, die Beine

Be bis Bo

bekommen, er bekommt
der Berg, die Berge
besonders
besser
das Bett, die Betten
bewegen, sie bewegt
bezahlen, er bezahlt
die Biene, die Bienen
das Bild, die Bilder
ich bin
die Birne, die Birnen
bis
du bist
bitten, sie bittet
das Blatt, die Blätter
blau
bleiben, er bleibt
der Bleistift, die Bleistifte
der Blitz, die Blitze
blühen, es blüht
die Blume, die Blumen
die Blüte, die Blüten
der Boden, die Böden

Bo bis Bu

das Boot, die Boote
böse
brauchen, sie braucht
braun
brav
brennen, es brennt
der Brief, die Briefe
die Brille, die Brillen
bringen, er bringt
das Brot, die Brote
der Bruder, die Brüder
das Buch, die Bücher
bunt
der Bus, die Busse
der Busch, die Büsche
die Butter

Ce bis Co

der Cent, die Cent
der Christbaum, die Christbäume
der Clown, die Clowns
der Computer, die Computer

Da bis De

da
dabei
das Dach, die Dächer
dafür
damit
danken, er dankt
dann
daran
darum
das
dass
davon
dazwischen
dein
deine
deiner
dem

De bis Do

den
denken, sie denkt
denn
der
des
der Dezember
dich
dick
die
der Dieb, die Diebe
der Dienstag
dies
diese
dieser
das Diktat, die Diktate
der Dinosaurier, die Dinosaurier
dir
doch
der Donnerstag
das Dorf, die Dörfer
dort
die Dose, die Dosen

A
B
C
D
E
F
G
H
I
J
K
L
M
N
O
P
Qu
R
S
T
U
V
W
X
Y
Z

Dr bis Du

draußen
drei
drücken, sie drückt
du
dumm
dunkel
dünn
durch
dürfen, er darf
der Durst
durstig

Ec bis El

die Ecke, die Ecken
das Ei, die Eier
eilig
ein
eine
einer
einfach
einige
einkaufen, er kauft ein
einmal
eins
das Eis
die Eisenbahn, die Eisenbahnen
der Elefant, die Elefanten
elf
die Eltern

En bis Eu

das Ende, die Enden
endlich
eng
die Ente, die Enten
sich entschuldigen,
er entschuldigt sich
er
erste
die Erde
erklären, er erklärt
erschrecken,
sie erschrickt
erzählen, er erzählt
es
der Esel, die Esel
essen, sie isst
das Essen, die Essen
etwas
euch
euer, eure
die Eule, die Eulen
der Euro, die Euro

Fa bis Fe

die Fahne, die Fahnen
fahren, sie fährt
das Fahrrad, die Fahrräder
fallen, er fällt
falsch
die Familie, die Familien
fangen, sie fängt
die Farbe, die Farben
fast
der Februar
fehlen, es fehlt
der Fehler, die Fehler
feiern, er feiert
fein
das Feld, die Felder
das Fenster, die Fenster
die Ferien

Fe bis Fr

der Fernseher,
die Fernseher
fertig
das Fest, die Feste
das Feuer, die Feuer
die Feuerwehr,
die Feuerwehren
finden, sie findet
der Finger, die Finger
der Fisch, die Fische
die Flasche, die Flaschen
fleißig
die Fliege, die Fliegen
fliegen, er fliegt
die Flöte, die Flöten
der Flügel, die Flügel
flüssig
flüstern, sie flüstert
das Foto, die Fotos
die Frage, die Fragen
fragen, er fragt
die Frau, die Frauen
frech

Fr bis Fu

der Freitag
fremd
der Fremde, die Fremden
fressen, er frisst
die Freude, die Freuden
sich freuen, sie freut sich
der Freund, die Freunde
die Freundin,
die Freundinnen
die Freundschaft,
die Freundschaften
frieren, er friert
frisch
der Frosch, die Frösche
die Frucht, die Früchte
der Frühling
füllen, er füllt
fünf
für
der Fuß, die Füße
der Fußball, die Fußbälle
das Futter
füttern, sie füttert

Ga bis Ge

die Gabel, die Gabeln
ganz
der Garten, die Gärten
geben, er gibt
der Geburtstag, die Geburtstage
das Gedicht, die Gedichte
gefährlich
gegen
gehen, sie geht
gelb, die gelbe Sonne
das Geld, die Gelder
das Gemüse
genau
genug
gerade
gern

Ge bis Gu

geschehen, es geschieht
das Geschenk, die Geschenke
die Geschichte, die Geschichten
das Gesicht, die Gesichter
gestern
gesund, die gesunde Ernährung
er gibt
gießen, sie gießt
glauben, er glaubt
gleich
das Glück
der Gott, die Götter
graben, sie gräbt
das Gras, die Gräser
groß, größer
grün
der Grund, die Gründe
die Gruppe, die Gruppen
gucken, er guckt
gut

Ha bis He

das Haar, die Haare
haben, er hat
der Hals, die Hälse
halten, sie hält
die Hand, die Hände
hängen, es hängt
hart, härter
der Hase, die Hasen
er hat
das Haus, die Häuser
die Hausaufgabe,
die Hausaufgaben
die Haut, die Häute
heben, er hebt
die Hecke, die Hecken
das Heft, die Hefte
heiß

He bis Ho

heißen, sie heißt
helfen, er hilft
die Hilfe
hell
das Hemd, die Hemden
her
herab
der Herbst
der Herr, die Herren
das Herz, die Herzen
heute
die Hexe, die Hexen
hier
der Himmel
hin
hinauf
hinten
hinter
hinunter
hoch, höher
hoffen, er hofft
hoffentlich
holen, sie holt

Ho bis Hu

hören, er hört
die Hose, die Hosen
der Hund, die Hunde
hundert
der Hunger
hungrig
die Hürde, die Hürden
der Hut, die Hüte

I

ich
der Igel, die Igel
ihm
ihn
ihnen
ihr
ihre
im
immer
in
der Indianer, die Indianer
ins
er isst (ein Brot)
sie ist (weg)

A B C D E F G H I J K L M N O P Qu R S T U V W X Y Z

J

ja
die Jacke, die Jacken
das Jahr, die Jahre
der Jahrmarkt, die Jahrmärkte
der Januar
jede
jeder
jedes
jemand
jetzt
der Jogurt, die Jogurts
der Juli
jung
der Junge, die Jungen
der Juni

Ka bis Ke

der Käfer, die Käfer
der Kalender, die Kalender
kalt, kälter
die Kälte
das Kamel, die Kamele
sie kann
kaputt
die Karte, die Karten
die Kartoffel, die Kartoffeln
der Käse
der Kasper
die Katze, die Katzen
kaufen, er kauft
kein
keine
keiner
kennen, sie kennt

die Kerze, die Kerzen
die Kette, die Ketten
das Kind, die Kinder
das Kino, die Kinos
die Kirche, die Kirchen
klar
die Klasse, die Klassen
kleben, es klebt
das Kleid, die Kleider
klein
klingen, es klingt
klug
das Knie, die Knie
der Knochen, die Knochen
der Koch, die Köche
kochen, er kocht
der Koffer, die Koffer
kommen, sie kommt
der König, die Könige
die Königin, die Königinnen
können, er kann
der Kopf, die Köpfe
der Körper, die Körper

kosten, es kostet
krank
die Krankheit, die Krankheiten
das Kraut, die Kräuter
die Küche, die Küchen
der Kuchen, die Kuchen
die Kuh, die Kühe
kurz
der Kuss, die Küsse

La bis Le

lachen, sie lacht
die Lampe, die Lampen
das Land, die Länder
lang, länger
langsam
lassen, er lässt
die Laterne, die Laternen
das Laub
laufen, sie läuft
laut
leben, er lebt
leer
legen, sie legt
der Lehrer, die Lehrer
die Lehrerin, die Lehrerinnen
leicht

Le bis Lu

leise
die Leiter, die Leitern
lernen, er lernt
lesen, sie liest
letzte
die Leute
das Lexikon, die Lexika
das Licht, die Lichter
lieb
lieben, er liebt
das Lied, die Lieder
liegen, es liegt
er liest
links, der linke Fuß
die Lippe, die Lippen
das Loch, die Löcher
der Löffel, die Löffel
die Lokomotive, die Lokomotiven
der Löwe, die Löwen
die Luft, die Lüfte
die Lupe, die Lupen
lustig

machen, sie macht
das Mädchen, die Mädchen
er mag
der Mai
malen, er malt
die Mama, die Mamas
man
manche
manchmal
der Mann, die Männer
das Märchen, die Märchen
der März
die Maus, die Mäuse
die Mausefalle, die Mausefallen
das Meer, die Meere
mehr

mein
meine
meiner
meistens
der Mensch, die Menschen
das Messer, die Messer
mich
die Milch
die Minute, die Minuten
mir
mit
der Mittag
das Mittagessen, die Mittagessen
die Mitte
der Mittwoch
mögen, er mag
die Möhre, die Möhren
der Monat, die Monate
der Mond, die Monde
der Montag
der Morgen
morgen Abend

A B C D E F G H I J K L M N O P Qu R S T U V W X Y Z

Mo bis Mu

morgens
müde
der Müll
der Mund, die Münder
die Musik
der Musiker, die Musiker
müssen, sie muss
der Mut
mutig
die Mutter, die Mütter
die Mütze, die Mützen

Na bis Ne

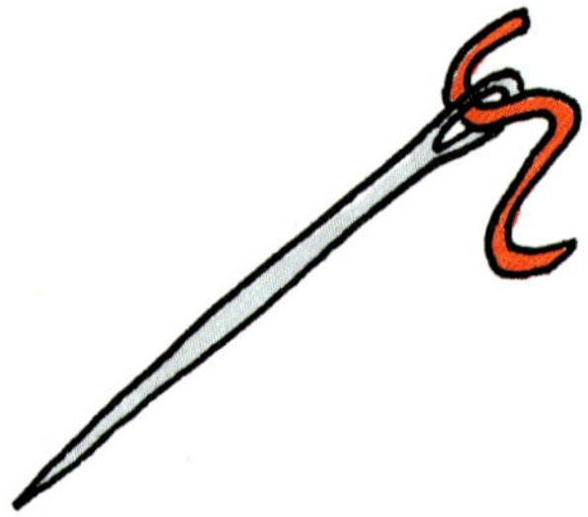

nach
der Nachmittag,
die Nachmittage
nächste
die Nacht, die Nächte
die Nadel, die Nadeln
der Nagel, die Nägel
der Name, die Namen
die Nase, die Nasen
nass
natürlich
der Nebel
nebelig
neben
nehmen, er nimmt
nein
das Nest, die Nester

das Netz, die Netze
neu
neulich
neun
nicht
nichts
nie
niemand
das Nilpferd, die Nilpferde
er nimmt
noch
die Not, die Nöte
der November
die Nudel, die Nudeln
null
nun
nur
die Nuss, die Nüsse

O

ob
oben
das Obst
obwohl
oder
der Ofen, die Öfen
offen
oft
ohne
das Ohr, die Ohren
der Oktober
die Oma, die Omas
der Onkel, die Onkel
der Opa, die Opas
der Ort, die Orte
Ostern
das Osterei, die Ostereier

Pa bis Po

packen, sie packt
das Paket, die Pakete
der Papa, die Papas
das Papier
der Papierkorb, die Papierkörbe
die Pappe, die Pappen
die Pause, die Pausen
das Pferd, die Pferde
pflanzen, er pflanzt
pflegen, sie pflegt
der Pilz, die Pilze
der Pinsel, die Pinsel
die Pizza, die Pizzas
der Platz, die Plätze
plötzlich
die Polizei

Po bis Qu

der Polizist, die Polizisten
die Pommes
das Pony, die Ponys
die Post
der Preis, die Preise
der Pullover, die Pullover
die Puppe, die Puppen
putzen, er putzt

das Quadrat, die Quadrate
quaken, er quakt
die Qualle, die Quallen
der Quark
der Quatsch

Ra bis Re

der Rabe, die Raben
das Rad, die Räder
Rad fahren,
sie fährt Rad
das Radio, die Radios
raten, er rät
der Raum, die Räume
die Raupe, die Raupen
rechnen, sie rechnet
rechts, die rechte Hand
reden, er redet
der Regen
der Regenschirm,
die Regenschirme
regnen, es regnet
reich
die Reihe, die Reihen

Re bis Ru

die Reise, die Reisen
reisen, sie reist
rennen, er rennt
der Rest, die Reste
richtig
riechen, sie riecht
der Ring, die Ringe
der Rock, die Röcke
rollen, es rollt
rot
der Rücken, die Rücken
rufen, er ruft
rund
die Rutsche, die Rutschen
rutschen, sie rutscht

Sa bis Sch

die Sache, die Sachen
der Saft, die Säfte
sagen, er sagt
das Salz, die Salze
salzig
der Samstag
der Sand
sandig
der Satz, die Sätze
sauber
scharf
schauen, sie schaut
scheinen, es scheint
schenken, er schenkt
die Schere, die Scheren
das Schiff, die Schiffe
schlafen, sie schläft

Sch bis Se

schlagen, er schlägt
der Schlüssel, die Schlüssel
der Schmetterling, die Schmetterlinge
der Schmutz
schmutzig
der Schnee
schneiden, sie schneidet
schnell
die Schokolade
schon
schön
schreiben, er schreibt
schreien, sie schreit
der Schuh, die Schuhe
die Schule, die Schulen
schwarz
die Schwester, die Schwestern
sechs
sehen, er sieht
sehr
die Seife, die Seifen

sein
seine
seiner
seit
die Seite, die Seiten
die Sekunde, die Sekunden
der September
sich
sie
sieben
er sieht
wir sind
singen, sie singt
sitzen, er sitzt
so
der Sohn, die Söhne
sollen, sie soll
der Sommer, die Sommer
die Sonne
der Sonntag
die Spagetti
sparen, er spart
spät

spielen, sie spielt
spitz
der Sport
die Sprache, die Sprachen
sprechen, er spricht
springen, sie springt
die Stadt, die Städte
die Stange, die Stangen
der Stängel, die Stängel
stark
stehen, er steht
der Stein, die Steine
stellen, sie stellt
der Stern, die Sterne
der Stift, die Stifte
still
die Stirn, die Stirnen
die Straße, die Straßen
der Strauch, die Sträucher
der Stuhl, die Stühle
die Stunde, die Stunden
suchen, er sucht
süß

Ta bis Ti

die Tafel, die Tafeln
der Tag, die Tage
die Tante, die Tanten
tanzen, er tanzt
die Tasche, die Taschen
die Tasse, die Tassen
der Teddy, die Teddys
der Tee, die Tees
das Telefon, die Telefone
der Teller, die Teller
die Temperatur, die Temperaturen
teuer
der Text, die Texte
das Thermometer, die Thermometer
das Tier, die Tiere

Ti bis Tu

der Tisch, die Tische
die Tochter, die Töchter
die Tomate, die Tomaten
der Topf, die Töpfe
das Tor, die Tore
tragen, er trägt
der Traum, die Träume
träumen, er träumt
traurig
trinken, sie trinkt
trocken
das Tuch, die Tücher
tun, sie tut
der Turm, die Türme
turnen, er turnt

U

üben, er übt
über
überlegen, sie überlegt
die Überschrift, die Überschriften
die Übung, die Übungen
das Ufo, die Ufos
die Uhr, die Uhren
um
der Umweg, die Umwege
und
der Unfall, die Unfälle
uns
unser, unsere
unten
unter
der Urlaub

V

der Vater, die Väter
vergessen, sie vergisst
verkaufen, er verkauft
der Verkehr
verstehen, sie versteht
versuchen, er versucht
viel
vielleicht
vier
der Vogel, die Vögel
voll
vom
von
vor
vorlesen, sie liest vor
vorne
vorsichtig

A B C D E F G H I J K L M N O P Qu R S T U V W X Y Z

Wa bis We

der Wald, die Wälder
wann
warm
die Wärme
warten, sie wartet
warum
was
waschen, er wäscht
das Wasser
der Weg, die Wege
Weihnachten
weil
weiß, die weiße Wolke
sie weiß
weit, weiter
welche
welcher

We bis Wu

wem
wen
wenig
wenn
wer
werden, er wird
das Wetter
wie
wieder
die Wiese, die Wiesen
er will
der Wind, die Winde
der Winter, die Winter
wir
wissen, sie weiß
wo
die Woche, die Wochen
wohnen, er wohnt
die Wolke, die Wolken
wollen, er will
das Wort, die Wörter
wünschen, sie wünscht
die Wurzel, die Wurzeln

Za bis Zo

die Zahl, die Zahlen
zählen, er zählt
der Zahn, die Zähne
der Zaun, die Zäune
die Zehe, die Zehen
zehn
zeigen, sie zeigt
die Zeit
der Zeitpunkt, die Zeitpunkte
die Zeitung, die Zeitungen
der Zettel, die Zettel
das Zeugnis, die Zeugnisse
die Ziege, die Ziegen
das Zimmer, die Zimmer
der Zirkus, die Zirkusse
die Zitrone, die Zitronen
der Zoo, die Zoos

Zu bis Zw

zu
der Zucker
zuerst
der Zug, die Züge
zum
zur
zusammen
zwei
der Zweig, die Zweige
die Zwiebel, die Zwiebeln
zwischen
zwölf

Tipps für das 2. Wörterverzeichnis

In diesem Wörterverzeichnis findest du neben der richtigen Schreibweise eines Wortes auch Hinweise auf verwandte Begriffe, zum Beispiel: fern; die Ferne; die Entfernung; sich entfernen; das Ferngespräch.

Die Trenn|stri|che zeigen dir, wie ein Wort richtig getrennt werden kann.

Ein Wort in eckigen Klammern [ ] gibt eine zweite Schreibweise an, die auch richtig ist.

In den runden Klammern ( ) findest du Erklärungen zu schwierigen Wörtern.

Der → bei zusammengesetzten Verben weist dich darauf hin, bei welchem Grundwort du weitere Formen findest.

Aa bis Ab

der **Aal** (Fisch), die Aale

der **Aas|gei|er**, die Aasgeier

ab; ab und zu; auf und ab

ab|bei|ßen → beißen

ab|bie|gen → biegen

die **Ab|bil|dung**, die Abbildungen; abbilden

das **Ab|blend|licht**

ab|bre|chen → brechen

das **Abc**

der **A|bend**, die Abende; am Abend; eines Abends; heute Abend; abends; das Abendbrot; das Abendland

das **A|ben|teu|er**, die Abenteuer; der Abenteurer; abenteuerlich; der Abenteuerspielplatz

aber

der **A|ber|glau|be**

ab|fah|ren → fahren; die Abfahrt, die Abfahrten

der **Ab|fall**, die Abfälle; die Abfallvermeidung

Ab

ab|flie|gen → fliegen

ab|ge|ben → geben

ab|ge|spannt (müde)

ab|ge|wöh|nen

der **Ab|grund**, die Abgründe

ab|gu|cken → gucken

ab|ho|len → holen

das **A|bi|tur**

ab|kür|zen, sie kürzt ab; die Abkürzung

ab|leh|nen → lehnen; die Ablehnung

ab|len|ken → lenken; die Ablenkung

ab|ma|chen → machen; die Abmachung

ab|mel|den → melden; die Abmeldung

ab|neh|men → nehmen

das **A|bo** [das Abonnement]; die Abos; etwas abonnieren

ab|rei|sen → reisen; die Abreise

ab|rei|ßen → reißen

der **Ab|satz**, die Absätze

ab|schal|ten → schalten

der **Ab|schied**; sich verabschieden

ab|schlep|pen; das Abschleppseil

ab|schlie|ßen → schließen

ab|schnei|den → schneiden

der **Ab|schnitt**, die Abschnitte

ab|schrei|ben → schreiben

ab|seits; abseits stehen

der **Ab|sen|der**, die Absender; absenden → senden

die **Ab|sicht**, die Absichten; absichtlich

ab|so|lut (ganz und gar)

ab|spü|len → spülen

ab|stam|men; die Abstammung

der **Ab|stand**, die Abstände

ab|stei|gen → steigen; der Abstieg

ab|stim|men; die Abstimmung

ab|stür|zen, er stürzt ab; der Absturz, die Abstürze

das **Ab|teil** (im Zug), die Abteile

die **Ab|tei|lung**, die Abteilungen

ab|trock|nen, er trocknet ab

ab|wärts

ab|wa|schen → waschen; der Abwasch

das **Ab|was|ser**, die Abwässer

ab|wech|seln, er wechselt ab; abwechselnd

ab|zäh|len, sie zählt ab; der Abzählvers

das **Ab|zei|chen**, die Abzeichen

die **Ach|se**, die Achsen

die **Ach|sel**, die Achseln; die Achselhöhle

acht; achtzehn; achtzig; um acht; der Achte; achtmal

ach|ten, er achtet; Acht geben; gib Acht!; nimm dich in Acht!; die Achtung; verachten; die Verachtung

äch|zen, er ächzt (vor Schmerzen)

der **A|cker**, die Äcker

ad|die|ren (zusammenzählen), sie addiert; die Addition

a|de! (lebe wohl!)

die **A|der**, die Adern

das **Ad|jek|tiv** (Eigenschaftswort, Wiewort), die Adjektive

der **Ad|ler**, die Adler

a|dop|tie|ren [ad|op|tie|ren], er adoptiert; die Adoption; die Adoptiveltern

die **A|dres|se [Ad|res|se]**, die Adressen; adressieren

der **Ad|vent**; die Adventsfeier

der **Af|fe**, die Affen; affig

Af|ri|ka [A|fri|ka]; der Afrikaner, die Afrikaner, die Afrikanerin; afrikanisch

die **AG** (Arbeitsgemeinschaft), die AGs

ag|gres|siv; die Aggression

ah|nen, sie ahnt; die Ahnung; ahnungslos

Ah bis Al

ähn|lich; die Ähnlichkeit

der **A|horn**; die Ahornbäume

die **Äh|re**, die Ähren

das **Aids** (Virus)

das **Ak|kor|de|on** (Musikinstrument), die Akkordeons

der **Ak|ku|sa|tiv** (4. Fall, Wenfall)

der **Ak|ro|bat [A|kro|bat]**, die Akrobaten; die Akrobatin; akrobatisch

die **Ak|te**, die Akten; die Aktentasche

die **Ak|tie**, die Aktien

die **Ak|ti|on** (Handlung), die Aktionen

ak|tiv (tätig, eifrig); die Aktivität

ak|tu|ell

a|kut (plötzlich auftretend)

der **A|larm**, die Alarme; alarmieren

Al|ba|ni|en; der Albaner, die Albaner, die Albanerin; albanisch

al|bern; die Albernheit

der **Alb|traum** [Alptraum], die Albträume

das **Al|bum**, die Alben

die **Al|ge**, die Algen

der **Al|ko|hol**; alkoholfrei

Al|lah (Name für Gott im Islam)

al|le; alles; vor allem

die **Al|lee**, die Alleen

al|lein

al|ler|dings

Al bis Am

die **Al|ler|gie**, die Allergien

al|ler|hand

Al|ler|hei|li|gen (kath. Feiertag)

al|ler|lei

all|ge|mein; im Allgemeinen

all|mäh|lich

der **All|tag**; alltäglich; alltags

all|zu

die **Alm** (Bergweide), die Almen

die **Al|pen** (Gebirge)

das **Al|pha|bet** (Abc); alphabetisch geordnet

als; ich bin größer als du; er kam, als du riefst

al|so

alt, älter, am ältesten; das Alter

der **Al|tar**, die Altäre

das **A|lu|mi|ni|um**; die Alufolie

am (an dem)

der **A|ma|teur**, die Amateure

die **A|mei|se**, die Ameisen

A|me|ri|ka; der Amerikaner, die Amerikaner, die Amerikanerin; amerikanisch

die **Am|pel**, die Ampeln

die **Am|sel**, die Amseln

Ams|ter|dam (Hauptstadt der Niederlande)

das **Amt**, die Ämter; amtlich
sich **a|mü|sie|ren**; ich amüsiere mich
an
die **A|na|nas**, die Ananas [Ananasse]
an|bie|ten → bieten
der **An|blick**; anblicken
an|bren|nen → brennen
an|däch|tig; die Andacht
an|dau|ernd

das **An|den|ken**, die Andenken
an|de|re; ein anderer; etwas anderes
än|dern; geändert; die Änderung
an|ders
der **An|drang**; der Andrang ist groß
an|ein|an|der [an|ei|nan|der]
die **An|er|ken|nung**; anerkennen
der **An|fall**, die Anfälle; anfällig
an|fan|gen → fangen
der **An|fang**; der Anfänger; die Anfängerin; anfangs; der Anfangsbuchstabe
an|fas|sen; sie fasst (ihn) an
an|feu|ern; sie feuert an
an|füh|ren → führen; der Anführer, die Anführer; die Anführerin; die Anführungszeichen
an|ge|ben → geben; der Angeber; die Angeberin
an|geb|lich

das **An|ge|bot**, die Angebote
der **An|ge|hö|ri|ge**, die Angehörigen
der **An|ge|klag|te**, die Angeklagten; die Angeklagte
die **An|ge|le|gen|heit**, die Angelegenheiten
an|geln; sie angelt; die Angel, die Angeln; der Angler; die Anglerin
an|ge|nehm
der **An|ge|stell|te**, die Angestellten; die Angestellte
die **An|ge|wohn|heit**; sich etwas angewöhnen
an|grei|fen → greifen; der Angriff, die Angriffe
die **Angst**, die Ängste; ängstlich; ich habe Angst; vor Angst; mir ist angst und bange
an|gu|cken → gucken
an|hal|ten → halten
der **An|hän|ger**, die Anhänger
An|ka|ra (Hauptstadt der Türkei)
der **An|ker**, die Anker; ankern
an|kom|men → kommen
an|kreu|zen; er kreuzt an
die **An|kunft**; die Ankunftszeit
die **An|la|ge**, die Anlagen
der **An|lass**, die Anlässe; anlässlich

der **An|lauf**; anlaufen → laufen
sich **an|leh|nen**, sie lehnt sich an
an|ma|len → malen
an|mel|den → melden; die Anmeldung
die **An|nah|me**; annehmen → nehmen
die **An|non|ce** (Anzeige), die Annoncen
der **A|no|rak**, die Anoraks
an|re|den → reden; die Anrede
an|ru|fen → rufen; der Anruf; der Anrufbeantworter
ans (an das); ans andere Ufer
die **An|sa|ge**; ansagen
an|schau|en → schauen
an|schei|nend; der Anschein
an|schlie|ßen → schließen; der Anschluss; anschließend
an|schnal|len, er schnallt an
die **An|schrift**, die Anschriften
an|se|hen → sehen; ansehnlich
die **An|sicht**, die Ansichten
an|spre|chen → sprechen; die Ansprache
an|stän|dig; der Anstand
an|statt; anstatt des Vaters
an|ste|cken → stecken; die Ansteckung
sich **an|stel|len** → stellen
an|sto|ßen → stoßen
sich **an|stren|gen**, sie strengt sich an; die Anstrengung; anstrengend
die **Ant|ark|tis** (Südpol); antarktisch
der **An|teil**, die Anteile
die **An|ten|ne**, die Antennen
an|tik (alt, altertümlich)
die **An|ti|lo|pe** (Huftier), die Antilopen
die **An|ti|qui|tät** (wertvoller alter Gegenstand), die Antiquitäten
der **An|trag**, die Anträge
ant|wor|ten, sie antwortet; die Antwort, die Antworten
der **An|walt**, die Anwälte; die Anwältin
an|wei|sen → weisen; die Anweisung
an|wen|den → wenden
an|we|send; die Anwesenheit
die **An|zahl**; anzahlen; die Anzahlung
die **An|zei|ge**, die Anzeigen; die Anzeigetafel; anzeigen
an|zie|hen → ziehen; angezogen; die Anziehungskraft
der **An|zug**, die Anzüge
an|zün|den
das **A|part|ment** (kleine Wohnung), die Apartments
der **Ap|fel**, die Äpfel
die **Ap|fel|si|ne**, die Apfelsinen
die **A|po|the|ke**, die Apotheken
der **Ap|pa|rat**, die Apparate

Ap bis Ar

der **Ap|pe|tit**; appetitlich
der **Ap|plaus**; applaudieren
die **Ap|ri|ko|se [A|pri|ko|se]**, die Aprikosen
der **Ap|ril [A|pril]**; das Aprilwetter
das **A|qua|ri|um**, die Aquarien
der **Ä|qua|tor** (längster Breitenkreis)
A|ra|bi|en; der Araber, die Araber, die Araberin; arabisch
ar|bei|ten, sie arbeitet; arbeitslos; die Arbeit; der Arbeiter; die Arbeiterin
der **Ar|chi|tekt**, die Architekten
är|gern, sie ärgert; der Ärger; ärgerlich
das **Ar|gu|ment** (Beweis), die Argumente
die **Ark|tis** (Nordpol); arktisch
arm, ärmer, am ärmsten; die Armut; ärmlich; armselig
der **Arm**, die Arme
der **Är|mel**, die Ärmel
das **A|ro|ma** (Duft), die Aromen; aromatisch
die **Art**, die Arten
ar|tig
der **Ar|ti|kel**, die Artikel
der **Ar|tist** (Zirkuskünstler), die Artisten; die Artistin
der **Arzt**, die Ärzte; die Ärztin, die Ärztinnen; ärztlich; verarzten

As bis At

die **A|sche**; der Aschenbecher; der Aschermittwoch
A|si|en; der Asiat, die Asiaten; die Asiatin; asiatisch
der **As|phalt**; die Asphaltstraße
das **Ass**, die Asse
er **aß** → essen
der **Ast**, die Äste
der **As|tro|naut [Ast|ro|naut]**, die Astronauten; die Astronautin

das **A|syl** (Zufluchtsort); das Asylantenheim; der Asylbewerber
das **A|te|li|er** (Künstlerwerkstatt), die Ateliers; das Fotoatelier
der **A|tem**; die Atmung; atmen; atemlos; atemberaubend
A|then (Hauptstadt von Griechenland)
der **Ath|let** (Sportler, Kraftmensch), die Athleten; die Athletin; athletisch
der **At|lan|tik**; der Atlantische Ozean
der **At|las**, die Atlanten
die **At|mos|phä|re [At|mo|sphä|re]**
das **A|tom**, die Atome; das Atomkraftwerk [AKW]
das **At|ten|tat** (Anschlag), die Attentate; der Attentäter
das **At|test** (ärztliche Bescheinigung)
die **At|trak|ti|on**, die Attraktionen; attraktiv

At bis Auf

ät|zen; ätzend

auch; ich komme auch

auf; auf einmal; aufs neue [Neue]; das Auf und Ab

auf|be|wah|ren; die Aufbewahrung

auf|bre|chen → brechen

auf|ein|an|der [auf|ei|nan|der]

der **Auf|ent|halt**, die Aufenthalte; sich aufhalten → halten

auf|fal|len → fallen; auffällig

auf|for|dern → fordern; die Aufforderung

auf|füh|ren → führen; die Aufführung

die **Auf|ga|be**, die Aufgaben;

auf|ge|ben → geben

der **Auf|gang**, die Aufgänge

auf|ge|hen → gehen

auf|ge|regt

auf|hän|gen → hängen

auf|hö|ren → hören

auf|kle|ben → kleben; der Aufkleber

auf|la|den, er lädt auf

auf|merk|sam; die Aufmerksamkeit

die **Auf|nah|me**, die Aufnahmen

auf|pas|sen, sie passt auf; aufgepasst!; der Aufpasser

auf|räu|men; er räumt auf; aufgeräumt

Auf bis Aus

auf|recht, sie steht aufrecht

auf|re|gen; die Aufregung

auf|rich|tig (ehrlich)

der **Auf|satz**, die Aufsätze

auf|schie|ben → schieben; der Aufschub

der **Auf|schnitt**; der Wurstaufschnitt

das **Auf|se|hen**; Aufsehen erregend

die **Auf|sicht** (in der Pause)

auf|ste|hen → stehen

der **Auf|trag**, die Aufträge

auf|tre|ten → treten; der Auftritt

auf|wa|chen, sie wacht auf

der **Auf|wand**; aufwändig

auf|wärts

auf|we|cken, er weckt auf

auf|wen|den → wenden

der **Auf|zug**, die Aufzüge

das **Au|ge**, die Augen; das Augenlid; der Augenblick; augenblicklich

der **Au|gust**

aus

aus|bes|sern, sie bessert aus

die **Aus|bil|dung**; ausbilden

der **Aus|blick**, die Ausblicke

die **Aus|dau|er**; ausdauernd

der **Aus|druck**, die Ausdrücke; ausdrücklich; ausdrücken

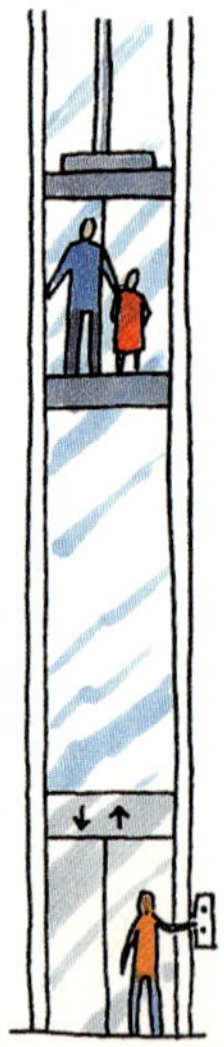

aus|ein|an|der [aus|ei|nan|der]

der **Aus|flug**, die Ausflüge

aus|führ|lich

die **Aus|ga|be**, die Ausgaben

der **Aus|gang**, die Ausgänge

aus|ge|ben → geben

aus|ge|fal|len (ungewöhnlich)

aus|ge|hen → gehen

aus|gie|big (reichlich)

aus|gie|ßen → gießen

der **Aus|guss**, die Ausgüsse

die **Aus|kunft**, die Auskünfte

das **Aus|land**; der Ausländer, die Ausländer, die Ausländerin; ausländisch

die **Aus|nah|me**, die Ausnahmen; ausnahmsweise

aus|pro|bie|ren → probieren

der **Aus|puff**, die Auspuffe

aus|rech|nen → rechnen

die **Aus|re|de**, die Ausreden

aus|rei|chen, es reicht aus; ausreichend

aus|rei|ßen → reißen; der Ausreißer; die Ausreißerin

aus|ru|fen → rufen; das Ausrufezeichen

aus|ru|hen → ruhen; ausgeruht

die **Aus|sa|ge**, die Aussagen

aus|schla|fen → schlafen

der **Aus|schlag**, die Ausschläge

aus|se|hen → sehen

au|ßen; von außen; äußerlich

au|ßer; außerdem; außerhalb

äu|ßern; die Äußerung

die **Aus|sicht**, die Aussichten; aussichtslos

die **Aus|spra|che**; der Ausspruch

die **Aus|stat|tung**; ausstatten

aus|stei|gen → steigen

aus|stel|len → stellen; die Ausstellung

aus|stop|fen → stopfen

Aus|tra|li|en [Aust|ra|li|en]; der Australier, die Australier, die Australierin; australisch

aus|wäh|len → wählen; die Auswahl

aus|wärts; auswärts essen; auswärtig

der **Aus|weg**; ausweglos

der **Aus|weis**, die Ausweise

aus|wen|dig; auswendig lernen

die **Aus|zeich|nung**; ausgezeichnet

aus|zie|hen → ziehen

das **Au|to**, die Autos; Auto fahren

das **Au|to|gramm** (Unterschrift), die Autogramme

der **Au|to|mat**, die Automaten; automatisch

die **Axt**, die Äxte

Ba

das **Ba|by**, die Babys; der Babysitter
der **Bach**, die Bäche
die **Ba|cke**, die Backen; der Backenzahn
ba|cken, er backt, ich backte [buk], ich habe gebacken; der Bäcker; die Bäckerin; die Bäckerei
ba|den; das Bad, die Bäder; das Badezimmer
Ba|den-Würt|tem|berg; baden-württembergisch
der **Bag|ger**, die Bagger; baggern
das [die] **Ba|guette** (Weißbrot), die Baguettes
die **Bahn**, die Bahnen; der Bahnhof; der Bahnsteig
die **Bah|re**, die Bahren
die **Bak|te|rie**, die Bakterien
ba|lan|cie|ren; die Balance
bald; möglichst bald; baldigst
sich **bal|gen**; die Balgerei
der **Bal|ken**, die Balken

Ba

der **Bal|kon**, die Balkons [Balkone]
der **Ball**, die Bälle; Ball spielen
das **Bal|lett**; die Balletttänzerin
der **Bal|lon**, die Ballons [Ballone]
die **Ba|na|ne**, die Bananen
das **Band**, die Bänder; das Armband
der **Band** (Buch), die Bände
die **Band** (Musikgruppe), die Bands
ban|da|gie|ren, er bandagiert einen Arm; die Bandage
die **Ban|de**, die Banden
bän|di|gen
der **Ban|dit**, die Banditen
ban|ge; mir ist bange
die **Bank** (Sitzgelegenheit), die Bänke
die **Bank** (Sparkasse), die Banken
bar; bar bezahlen; das Bargeld; barfuß
die **Bar**, die Bars; die Tanzbar
der **Bär**, die Bären
die **Ba|ra|cke** (einfache Unterkunft), die Baracken
barm|her|zig; die Barmherzigkeit
das **Ba|ro|me|ter** (Luftdruckmesser), die Barometer
der **Bar|ren**, die Barren
der **Bart**, die Bärte
der **Ba|sar** [Bazar], die Basare; der Weihnachtsbasar

der **Bas|ket|ball**, die Basketbälle; Basketball spielen

der **Bass** (tiefste Tonlage), die Bässe; die Bassgeige

der **Bast**, die Baste

bas|teln, sie bastelt; die Bastelei

die **Ba|tik**, die Batiken; batiken, er batikt; gebatikt; der Batikdruck

die **Bat|te|rie**, die Batterien

der **Bauch**, die Bäuche; die Bauchschmerzen; das Bauchweh

bau|en; der Bau, die Bauten; der Baukasten, die Baukästen

der **Bau|er** (Landwirt), die Bauern; die Bäuerin, die Bäuerinnen

das [der] **Bau|er** (Vogelkäfig), die Bauer

der **Baum**, die Bäume

bau|meln, es baumelt

die **Baum|wol|le**

Bay|ern; der Bayer, die Bayern, die Bayerin; bayerisch

der **Ba|zil|lus** (Krankheitserreger), die Bazillen

be|ach|ten → achten; beachtlich

der **Be|am|te**, die Beamten; die Beamtin, die Beamtinnen

be|an|tra|gen → tragen

be|ant|wor|ten → antworten

be|auf|sich|ti|gen, er beaufsichtigt

be|ben, es bebt; das Erdbeben

der **Be|cher**, die Becher

das **Be|cken**, die Becken; das Schwimmbecken

be|däch|tig

sich **be|dan|ken**, sie bedankt sich

der **Be|darf**

be|dau|ern; bedauerlich

be|de|cken; bedeckt

be|den|ken → denken; die Bedenken

be|deu|ten, es bedeutet; bedeutend; die Bedeutung

be|die|nen; die Bedienung

die **Be|din|gung**, die Bedingungen

be|dro|hen, er bedroht; bedrohlich; die Bedrohung

der **Be|du|i|ne**, die Beduinen

das **Be|dürf|nis**, die Bedürfnisse; bedürftig

sich **be|ei|len**; beeile dich!

be|ein|dru|cken; beeindruckend

be|ein|flus|sen; die Beeinflussung

be|en|den; beendigen

be|er|di|gen; die Beerdigung

die **Bee|re**, die Beeren

das **Beet**, die Beete

be|feh|len, sie befiehlt; der Befehl

be|fes|ti|gen, er befestigt; die Befestigung

A B C D E F G H I J K L M N O P Qu R S T U V W X Y Z

be|frei|en; die Befreiung
be|frie|di|gend; die Befriedigung
be|fruch|ten; die Befruchtung
be|fürch|ten → fürchten; die Befürchtung
be|gabt; die Begabung
be|geg|nen; die Begegnung
be|geis|tern; die Begeisterung
be|gie|rig; die Begierde
be|gie|ßen → gießen
be|gin|nen, sie beginnt, ich begann; der Beginn; zu Beginn
be|glei|ten; die Begleitung; der Begleiter, die Begleiter; die Begleiterin
be|glück|wün|schen → wünschen
be|gra|ben → graben; das Begräbnis, die Begräbnisse
be|grei|fen, sie begreift, ich begriff; der Begriff
be|grün|den; die Begründung
be|grü|ßen → grüßen; die Begrüßung
be|hag|lich (gemütlich)
be|hal|ten → halten; der Behälter
be|han|deln → handeln; die Behandlung
be|haup|ten; die Behauptung
be|he|ben → heben
be|herr|schen → herrschen
be|hilf|lich
be|hin|dert; die Behinderung
die **Be|hör|de**, die Behörden
be|hut|sam (vorsichtig)
bei
beich|ten; die Beichte
bei|de; alle beide
bei|ein|an|der [bei|ei|nan|der]
der **Bei|fah|rer**, die Beifahrer; die Beifahrerin
der **Bei|fall**; Beifall klatschen
beige (sandfarben)
das **Beil**, die Beile
das **Bei|leid**; jemandem sein Beileid aussprechen
beim (bei dem)
das **Bein**, die Beine
bei|na|he (fast)
bei|sam|men; beisammen sein
das **Bei|spiel**, die Beispiele; zum Beispiel [z. B.]
bei|ßen, er beißt, ich biss, ich habe gebissen; der Biss
der **Bei|trag**, die Beiträge
be|ja|hen, sie bejaht
be|kannt; der Bekannte, die Bekannten; die Bekanntschaft
die **Be|klei|dung**

Be

be|kom|men → kommen
be|las|ten; die Belastung
be|läs|ti|gen; die Belästigung
be|lei|di|gen; die Beleidigung; beleidigt
be|leuch|ten; die Beleuchtung
Bel|gi|en; der Belgier, die Belgier, die Belgierin; belgisch
Bel|grad (Hauptstadt von Jugoslawien)
be|lie|big; beliebig oft
be|liebt; die Beliebtheit
bel|len, er bellt, er bellte, er hat gebellt; das Gebell
be|loh|nen; die Belohnung
be|mer|ken → merken; die Bemerkung
sich **be|mü|hen**; die Bemühung
be|nach|rich|ti|gen
sich **be|neh|men** → nehmen; benimm dich!; das Benehmen
be|nei|den, er beneidet ihn
der **Ben|gel**, die Bengel
be|nö|ti|gen (brauchen)
be|nut|zen; die Benutzung
das **Ben|zin**; der Benzinkanister
be|ob|ach|ten [be|o|bach|ten], sie beobachtet; die Beobachtung
be|quem; die Bequemlichkeit

be|ra|ten, sie berät, ich beriet, ich habe beraten; die Beratung
be|rech|tigt; die Berechtigung
der **Be|reich**, die Bereiche
be|reit; bereit sein; die Bereitschaft
be|reits; sie ist bereits da
be|reu|en; er bereut es
der **Berg**, die Berge; bergig; bergab; das Bergwerk

ber|gen, er birgt, ich barg, ich habe geborgen
be|rich|ten; der Bericht, die Berichte
be|rich|ti|gen; die Berichtigung
Ber|lin; der Berliner, die Berliner, die Berlinerin; berlinisch
Bern (Hauptstadt der Schweiz)
be|rüch|tigt
be|rück|sich|ti|gen, er berücksichtigt
der **Be|ruf**, die Berufe; berufstätig
be|ru|hi|gen; die Beruhigung
be|rühmt
be|rüh|ren; die Berührung
be|schä|di|gen; beschädigt; die Beschädigung

be|schäf|ti|gen; beschäftigt; die Beschäftigung

der **Be|scheid**, die Bescheide; Bescheid wissen

be|schei|den; die Bescheidenheit

die **Be|schei|ni|gung**, die Bescheinigungen; bescheinigen

be|sche|ren; die Bescherung

be|schleu|ni|gen; die Beschleunigung

be|schlie|ßen → schließen; der Beschluss, die Beschlüsse

be|schrei|ben → schreiben; die Beschreibung

be|schüt|zen → schützen

sich **be|schwe|ren**; die Beschwerde

der **Be|sen**, die Besen

be|sich|ti|gen; die Besichtigung

be|sie|gen; der Besiegte, die Besiegten; die Besiegte

sich **be|sin|nen**, sie besinnt sich; die Besinnung; besinnungslos

be|sit|zen; der Besitz; der Besitzer, die Besitzer; die Besitzerin

be|son|ders; die Besonderheit

be|sor|gen; die Besorgung; besorgt sein

be|spre|chen → sprechen; die Besprechung

Be

bes|ser → gut; am besten

be|ste|chen → stechen; die Bestechung

das **Be|steck**, die Bestecke

be|ste|hen → stehen

be|stel|len → stellen; die Bestellung

die **Bes|tie**, die Bestien

be|stim|men, sie bestimmt; die Bestimmung

be|stra|fen; die Bestrafung

die **Be|strah|lung**; bestrahlen

be|strei|ten → streiten

der **Be|such**, die Besuche; besuchen; der Besucher, die Besucher

be|täu|ben; die Betäubung; betäubt

be|tei|li|gen; die Beteiligung

be|ten; das Gebet, die Gebete

der **Be|ton**; betonieren

die **Be|to|nung**; betonen

be|trach|ten; die Betrachtung

der **Be|trag**, die Beträge

be|treu|en; die Betreuung

der **Be|trieb**, die Betriebe

be|trü|ben

be|trü|gen, er betrügt, ich betrog, ich habe betrogen; der Betrug; der Betrüger, die Betrüger; die Betrügerin

be|trun|ken; der Betrunkene

das **Bett**, die Betten; zu Bett gehen; die Bettdecke

bet|teln; der Bettler, die Bettler; die Bettlerin

beu|gen; die Kniebeuge

die **Beu|le**, die Beulen

be|ur|tei|len; die Beurteilung

die **Beu|te**; die Jagdbeute; erbeuten

der **Beu|tel**, die Beutel

die **Be|völ|ke|rung**

be|vor; bevor ich komme, rufe ich an

be|vor|zu|gen (etwas lieber mögen), sie bevorzugt Pizza; bevorzugt

be|wäs|sern; die Bewässerung

be|we|gen; die Bewegung

be|weg|lich; bewegt

der **Be|weis**, die Beweise; beweisen

be|wer|ben → werben; die Bewerbung

be|wir|ten, sie bewirtet uns

be|woh|nen → wohnen; der Bewohner, die Bewohner

be|wölkt; die Bewölkung

be|wun|dern; die Bewunderung

be|wusst; bewusstlos; das Bewusstsein

be|zah|len; die Bezahlung

die **Be|zeich|nung**; bezeichnen

be|zie|hungs|wei|se [bzw.]

der **Be|zirk**, die Bezirke

die **Bi|bel**, die Bibeln

der **Bi|ber**, die Biber

die **Bib|li|o|thek [Bi|bli|o|thek]**, die Bibliotheken

bie|gen, er biegt; biegsam; abbiegen; die Biegung, die Biegungen

die **Bie|ne**, die Bienen

das **Bier**, die Biere

bie|ten, sie bietet, ich bot, ich habe geboten; das Gebot

der **Bi|ki|ni**, die Bikinis

das **Bild**, die Bilder

bil|den; die Bildung

bil|lig

ich **bin** → sein

bin|den, er bindet, ich band, ich habe gebunden; die Binde; die Bindung; der Bindestrich; der Bindfaden

die **Bi|o|lo|gie**; der Biologieunterricht

das [der] **Bi|o|top**, die Biotope

die **Bir|ke**, die Birken

die **Bir|ne**, die Birnen
bis; bis Hamburg; bis heute
der **Bi|schof**, die Bischöfe
bis|her
der **Biss**, die Bisse; bissig
biss|chen; ein bisschen
du **bist** → sein
bit|ten, sie bittet, ich bat, ich habe gebeten; die Bitte
bit|ter; die Bitterkeit
bla|mie|ren; die Blamage
blank
blan|ko (leer, nicht ausgefüllt)
die **Bla|se**, die Blasen; das Bläschen
bla|sen, er bläst, ich blies, ich habe geblasen
blass, blasser, am blassesten; die Blässe
das **Blatt**, die Blätter; blättern
blau; bläulich; die Blaubeere
das **Blech**, die Bleche; blechern
das **Blei**; bleiern
blei|ben, er bleibt, ich blieb, ich bin geblieben; die Bleibe; stehen bleiben; sitzen bleiben
bleich; das Bleichgesicht
der **Blei|stift**, die Bleistifte
blen|den; die Blendung
bli|cken; der Blick, die Blicke

blind; der Blinde
der **Blind|darm**; die Blinddarmentzündung
blin|ken; der Blinker (am Auto)
blin|zeln, ich blinzele [blinzle]
der **Blitz**, die Blitze; blitzen; blitzschnell

der **Block**, die Blöcke
die **Block|flö|te**, die Blockflöten
blöd [blöde]; der Blödsinn
blö|ken; das Schaf blökt
blond
bloß (nur); bloß ein Euro
bloß (nackt); mit bloßen Füßen
blub|bern, es blubbert
blü|hen, es blüht; verblüht
die **Blu|me**, die Blumen
der **Blu|men|kohl**
die **Blu|se**, die Blusen
die **Blü|te**, die Blüten
blu|ten; das Blut; blutig
die **Bö** [Böe] (Windstoß), die Böen; böig
der **Bob|schlit|ten**, die Bobschlitten
der **Bock**, die Böcke; bockig
der **Bo|den**, die Böden
der **Bo|gen**, die Bogen [Bögen]
die **Boh|ne**, die Bohnen
boh|nern; das Bohnerwachs

boh|ren; der Bohrer, die Bohrer; die Bohrmaschine

der **Boi|ler** (Warmwasserbereiter), die Boiler

die **Bo|je** (Seezeichen), die Bojen

bol|zen (Fußball spielen); der Bolzplatz

die **Bom|be**, die Bomben; bombardieren

der **Bon**, die Bons

der [das] **Bon|bon**, die Bonbons

das **Boot**, die Boote

das **Bord**, die Borde; der Bordstein; das Bücherbord; an Bord gehen

bor|gen; Geld borgen

die **Bör|se**, die Börsen

die **Bors|te**, die Borsten; borstig

bö|se; bösartig; boshaft; nichts Böses; der Bösewicht

die **Bö|schung**, die Böschungen

Bos|ni|en-Her|ze|go|wi|na

der **Boss**, die Bosse

der **Bo|te**, die Boten; die Botschaft

die **Bou|tique** (kleiner Laden), die Boutiquen

bo|xen, er boxt; der Boxer, die Boxer; die Boxerin; der Boxkampf

der **Brand**, die Brände

Bran|den|burg; der Brandenburger, die Brandenburger, die Brandenburgerin; brandenburgisch

die **Bran|dung**, die Brandungen

bra|ten, er brät, ich briet, ich habe gebraten; der Braten

der **Brauch**, die Bräuche

brau|chen, er braucht, ich brauchte, ich habe gebraucht

die **Brau|e|rei**, die Brauereien

braun; bräunlich; sich bräunen

brau|sen; die Brause

die **Braut**, die Bräute

der **Bräu|ti|gam**, die Bräutigame

brav

bra|vo!

bre|chen, er bricht, ich brach, ich habe gebrochen; der Bruch

der **Brei**, die Breie; breiig

breit; die Breite

Bre|men; der Bremer, die Bremer, die Bremerin; bremisch

brem|sen, er bremst; die Bremse, die Bremsen

bren|nen, es brennt, es brannte, es hat gebrannt

die **Brenn|nes|sel**, die Brennnesseln

brenz|lig
das **Brett**, die Bretter
die **Bre|zel**, die Brezeln
der **Brief**, die Briefe; brieflich;
die Briefmarke
der **Bril|lant**, die Brillanten
die **Bril|le**, die Brillen;
das Brillenetui

brin|gen, er bringt, ich brachte,
ich habe gebracht
die **Bri|se** (leichter Wind),
die Brisen
der **Bro|cken**, die Brocken; bröckeln;
bröckelig [bröcklig]
bro|deln, es brodelt
der **Brok|ko|li** [Broccoli]
die **Brom|bee|re**, die Brombeeren
die **Bron|chi|tis** (Krankheit);
die Bronchien
die **Bron|ze**; die Bronzemedaille
die **Bro|schü|re** (kleines Heft),
die Broschüren
das **Brot**, die Brote;
das Brötchen, die Brötchen
der **Bruch**, die Brüche; brüchig
die **Brü|cke**, die Brücken
der **Bru|der**, die Brüder; brüderlich
die **Brü|he**, die Brühen; brühen
brül|len; das Gebrüll

brum|men; der Brummer
brü|nett (braunhaarig)
der **Brun|nen**, die Brunnen
Brüs|sel
(Hauptstadt von Belgien)
die **Brust**, die Brüste
bru|tal; die Brutalität
brü|ten; die Brut; der Brutkasten
brut|zeln (braten);
das Essen brutzelt im Ofen
der **Bub** [der Bube], die Buben
das **Buch**, die Bücher;
das Bücherbord; die Bücherei;
die Buchhändlerin
die **Bu|che**, die Buchen;
die Buchecker; der Buchfink
die **Büch|se**, die Büchsen
der **Buch|sta|be**, die Buchstaben;
buchstabieren
die **Bucht**, die Buchten
der **Bu|ckel**, die Buckel; bucklig [buckelig]
sich **bü|cken**, er bückt sich
Bu|da|pest
(Hauptstadt von Ungarn)
die **Bu|de**, die Buden
der **Büf|fel**, die Büffel
das **Büf|fet** [Buffet], die Büffets
der **Bü|gel**, die Bügel
bü|geln; das Bügeleisen

Bu

die **Bühlne**, die Bühnen

Bullgalrilen; der Bulgare, die Bulgaren, die Bulgarin; bulgarisch

der **Bullle**, die Bullen

der **Bulmelrang**, die Bumerangs

bumlmeln; der Bummel

das **Bund** (Zusammengebundenes), die Bunde; das Schlüsselbund

der **Bund** (Vereinigung), die Bünde

der **Bunldeslkanzller**

die **Bunldesllilga**

der **Bunldeslprälsildent**

die **Bunldeslrelpulblik** **[Bunldeslrelpubllik]**

die **Bunldeslstralße**

die **Bunldeslwehr**

das **Bünldel**, die Bündel; bündeln

das **Bündlnis**, die Bündnisse; verbündet

der **Bunlker**, die Bunker

bunt; der Buntstift; das Buntpapier; der Buntspecht

die **Burg**, die Burgen

bürlgen; der Bürge; die Bürgin

der **Bürlger**, die Bürger; die Bürgerin, die Bürgerinnen; der Bürgermeister; der Bürgersteig

das **Bülro**, die Büros

der **Burlsche**, die Burschen

die **Bürslte**, die Bürsten; bürsten

der **Bus**, die Busse; die Buslinie

der **Busch**, die Büsche; buschig

das **Bülschel**, die Büschel

der **Bulsen**, die Busen

der **Buslsard**, die Bussarde

bülßen; die Buße; der Bußtag

die **Butlter**; butterweich; die Buttermilch

Ca bis Ch

das **Ca|fé**, die Cafés; die Cafeteria
das **Cam|ping**; campen; der Campingplatz
die **CD** (Compactdisc), die CDs; die CD-ROM; der CD-Player
das **Cel|lo** (Musikinstrument), die Cellos [Celli]
Cel|si|us; 9 Grad Celsius [9°C]
der **Cent** [ct], die Cent [Cents]
das **Cha|mä|le|on** (Echse), die Chamäleons
der **Cham|pig|non [Cham|pi|gnon]**, die Champignons
der **Cham|pi|on** (Gewinner), die Champions
die **Chan|ce**, die Chancen
das **Cha|os**; chaotisch
der **Cha|rak|ter**; charakteristisch
der **Chef**, die Chefs; die Chefin
die **Che|mie**; chemisch
Chi|na; der Chinese, die Chinesen, die Chinesin; chinesisch

Ch bis Cu

der **Chip**, die Chips
der **Chi|rurg [Chir|urg]**, die Chirurgen
das **Chlor**; das Chlorwasser
der **Chor**, die Chöre; der Choral
der **Christ**, die Christen; christlich; Christus; der Christbaum
das **Chrom**; verchromt
cir|ca [zirka, ca.]
die **Ci|ty** (Innenstadt), die Citys
die **Cli|que** (Gruppe), die Cliquen
der **Clown**, die Clowns
das **Cock|pit**, die Cockpits
die **Col|la|ge** (geklebtes Bild), die Collagen
der **Co|mic**, die Comics
der **Com|pu|ter**, die Computer
der **Con|tai|ner**, die Container
cool
die **Couch** (Sofa), die Couches [Couchen]
der **Cou|sin**, die Cousins; die Cousine [Kusine]
der **Cow|boy**, die Cowboys
die **Creme** [Krem, Kreme], die Cremes; cremen
das **Crois|sant** (Hörnchen), die Croissants
der [das] **Cur|ry** (Gewürz); die Currywurst

Da

da; da und dort; da sein, er ist da

da|bei

das **Dach**, die Dächer

der **Dachs**, die Dachse

der **Da|ckel**, die Dackel

da|durch; dadurch, dass …

da|für; ich bin dafür, dass …

da|ge|gen

da|heim; daheim bleiben

da|her

da|hin

da|hin|ter

da|mals

die **Da|me**, die Damen

da|mit

däm|lich; die Dämlichkeit

der **Damm**, die Dämme; dämmen; eindämmen

die **Däm|me|rung**; dämmern; dämmerig [dämmrig]

der **Dampf**, die Dämpfe; dampfen; dämpfen (mit Dampf kochen)

der **Damp|fer**, die Dampfer

da|nach

da|ne|ben

Dä|ne|mark; der Däne, die Dänen, die Dänin; dänisch

dan|ken; dankbar; der Dank

dann; dann und wann

da|ran [dar|an]

da|rauf [dar|auf]

da|raus [dar|aus]

da|rein [dar|ein] [drein]; dareinreden

da|rin [dar|in] [drin]

der **Darm**, die Därme

dar|stel|len; die Darstellung; der Darsteller; die Darstellerin

da|rü|ber [dar|ü|ber] [drüber]

da|rum [dar|um] [drum]

da|run|ter [dar|un|ter] [drunter]

das (der, die, das); das Lied

dass; ich möchte, dass …

das|sel|be; ein und dasselbe

der **Da|tiv** (3. Fall, Wemfall)

die **Dat|tel**, die Datteln

das **Da|tum**, die Daten

dau|ern; es dauert lange

dau|ernd; dauerhaft; die Dauer

der **Dau|men**, die Daumen

da|von; davonlaufen

da|vor

Da bis De

da|zu
da|zwi|schen
das **Deck**, die Decks [Decke]
die **De|cke**, die Decken
der **De|ckel**, die Deckel
de|cken; zudecken; die Deckung
de|fekt (kaputt); der Defekt
deh|nen; die Dehnung
der **Deich** (Damm), die Deiche
die **Deich|sel**, die Deichseln
dein; deine; deiner; deinetwegen
de|ko|rie|ren (schmücken); die Dekoration
der **Del|fin** [Delphin], die Delfine
die **De|li|ka|tes|se**, die Delikatessen
die **Del|le** (Beule), die Dellen
dem; vor dem Haus
dem|nächst
die **De|mo|kra|tie**, die Demokratien; demokratisch
de|mons|trie|ren [de|monst|rie|ren]; die Demonstration
die **De|mut**; demütig
den; ich nehme den Stift
de|nen; Kinder, mit denen ich spiele
den|ken, er denkt, ich dachte, ich habe gedacht; das Denken
das **Denk|mal**, die Denkmäler [Denkmale]
denn

De bis Di

den|noch
der (der, die, das); der Hund
de|ren; Väter, deren Kinder krank sind
der|je|ni|ge, diejenige, dasjenige
der|sel|be, dieselbe, dasselbe
des; die Brille des Mannes
des|halb
des|sen; der Junge, dessen Heft fehlt
das **Des|sert** (Nachspeise), die Desserts
des|to; desto besser
des|we|gen
der **De|tek|tiv**, die Detektive; die Detektivin
deut|lich; die Deutlichkeit
deutsch; deutsche Städte; das Deutsch (die Sprache); er kann schon gut Deutsch; Deutschland; der Deutsche, die Deutschen; die Deutsche
der **De|zem|ber**
der **De|zi|me|ter** [dm], die Dezimeter
das **Dia** (Lichtbild), die Dias; der Diaprojektor
der **Di|a|lekt** (Mundart), die Dialekte
der **Di|a|mant**, die Diamanten
die **Di|ät** (Schonkost)
dich; dich kenne ich
dicht; die Dichte

dich|ten; der Dichter
dick; das Dickicht
die (der, die, das); die Schule
der **Dieb**, die Diebe; der Diebstahl
die **Die|le**, die Dielen
die|nen; bedienen; verdienen; der Diener, die Diener; die Dienerin
der **Dienst**, die Dienste; dienstlich
der **Diens|tag**; der Dienstagabend; am Dienstagmorgen; dienstags
der **Die|sel**; der Dieselmotor
dies, diese, dieser, dieses
die|sem, diesen
die|sig (neblig)
die **Dif|fe|renz** (Unterschied, Streit), die Differenzen
di|gi|tal; die Digitaluhr
das **Dik|tat**, die Diktate; diktieren
der **Dill** (Kräuterpflanze); die Dillsoße
das **Ding**, die Dinge
der **Di|no|sau|ri|er**, die Dinosaurier
das **Di|plom [Dip|lom]** (Urkunde), die Diplome
dir; wie geht es dir?
di|rekt; der direkte Weg
der **Di|rek|tor**, die Direktoren; die Direktorin, die Direktorinnen
der **Di|ri|gent**, die Dirigenten; die Dirigentin; dirigieren

das **Dirndl** (Trachtenkleid), die Dirndl
die **Dis|ket|te** (Datenspeicher), die Disketten
die **Dis|ko|thek** [Disko, Disco] (Tanzlokal), die Diskotheken; der Diskjockey
die **Dis|kus|si|on**, die Diskussionen; diskutieren
dis|qua|li|fi|zie|ren (vom Wettkampf ausschließen); disqualifiziert
die **Dis|tanz [Di|stanz]** (Entfernung)
die **Dis|tel**, die Disteln
die **Dis|zi|plin [Dis|zip|lin]** (Ordnung); diszipliniert
di|vi|die|ren (teilen); die Division
doch
der **Docht**, die Dochte; der Kerzendocht
die **Dog|ge**, die Doggen
der **Dok|tor** [Dr.], die Doktoren; die Doktorin
der **Dolch**, die Dolche
der **Dol|lar**, die Dollars
der **Dol|met|scher** (Übersetzer)
der **Dom** (Kirche), die Dome
das **Do|mi|no**, die Dominos; die Dominosteine
der **Domp|teur** (Tierbändiger), die Dompteure; die Dompteuse
die **Do|nau** (Fluss)

der **Dö|ner** (türkische Speise), die Döner

don|nern; der Donner

der **Don|ners|tag**; donnerstags

doof; die Doofheit

das **Do|ping** (unerlaubte Einnahme von Medikamenten beim Sport); dopen

dop|pelt; verdoppeln; das Doppelte

das **Dorf**, die Dörfer

der **Dorn**, die Dornen; dornig

dort; dorthin; von dort

Dort|mund

die **Do|se**, die Dosen

dö|sen (halb schlafen), er döst

der [das] **Dot|ter** (Eigelb), die Dotter; dottergelb

der **Dra|che** (Fabeltier), die Drachen

der **Dra|chen** (Fluggerät), die Drachen

der **Draht**, die Drähte; drahtig

das **Dra|ma**, die Dramen; dramatisch

dran; drauf und dran

drän|geln; die Drängelei

drän|gen; das Gedränge

drau|ßen

dre|ckig; verdreckt; der Dreck

dre|hen, er dreht; der Dreher; die Drehung

drei; dreizehn; dreißig; dreihundert; dreifach; um drei; die Drei; die Dreiviertelstunde

das **Drei|eck**, die Dreiecke; dreieckig

dre|schen; die Dreschmaschine

Dres|den

dres|sie|ren; die Dressur

drib|beln (Fußballbegriff), er dribbelt; das Dribbling

drin [darin]

drin|gen; er dringt auf eine Lösung; ich drang, ich habe gedrungen

drin|gend (eilig)

drin|nen

drit|tens; zum dritten Mal; das Drittel; zu dritt; der Dritte

die **Dro|ge**, die Drogen

die **Dro|ge|rie**, die Drogerien; der Drogist; die Drogistin

dro|hen; drohend; die Drohung

dröh|nen; dröhnend

drol|lig

das **Dro|me|dar**, die Dromedare

der [das] **Drops** (Fruchtbonbon), die Drops

die **Dros|sel**, die Drosseln

drü|ben (auf der anderen Seite); drüber

der **Druck**, die Drucke; drucken; der Drucker; die Druckerei

drü|cken; der Druckknopf

drun|ter; drunter und drüber

die **Drü|se**, die Drüsen

der **Dschun|gel** (dichter Urwald)

du

der **Dü|bel**, die Dübel

Dub|lin (Hauptstadt der Republik Irland)

sich **du|cken**, er duckt sich

das **Du|ell**, die Duelle

der **Duft**, die Düfte; duften; duftig

Duis|burg

dul|den; duldsam

dumm, dümmer, am dümmsten; dümmlich; die Dummheit

dumpf

die **Dü|ne** (Sandhügel), die Dünen

der **Dün|ger**; düngen; der Dung

dun|kel; dunkelblau; verdunkeln; die Dunkelheit

dünn; durch dick und dünn

der **Dunst**, die Dünste; verdunsten

das **Dur** (Tonart); ein Lied in C-Dur

durch; durchaus; durcheinander

der **Durch|blick**; durchblicken

die **Durch|blu|tung**; durchblutet

der **Durch|fall**, die Durchfälle

durch|füh|ren; die Durchführung

durch|hal|ten → halten

durch|las|sen → lassen; durchlässig

der **Durch|mes|ser**

der **Durch|schnitt**; durchschnittlich

sich **durch|set|zen** → setzen

durch|sich|tig; die Durchsicht

durch|su|chen; die Durchsuchung

dür|fen, sie darf, ich durfte, ich habe gedurft

dürf|tig (ärmlich)

dürr; die Dürre

der **Durst**; durstig; verdursten

du|schen; die Dusche

die **Dü|se**, die Düsen; das Düsenflugzeug

Düs|sel|dorf

düs|ter [duster]

das **Dut|zend** (12 Stück), die Dutzende; dutzendweise

du|zen; ihr duzt euch

dy|na|misch (schwungvoll)

das **Dy|na|mit** (Sprengstoff)

der **Dy|na|mo**, die Dynamos

der **D-Zug**, die D-Züge

die **Eb|be**; Ebbe und Flut

e|ben (flach); zu ebener Erde;
die Ebene, die Ebenen; ebnen

e|ben (soeben);
du bist eben gekommen

e|ben (gleich); ebenfalls;
ebenso gut; ebenso oft

der **E|ber**, die Eber

das **E|cho**, die Echos

echt; die Echtheit

die **E|cke**, die Ecken; eckig;
der Eckschrank

e|del; veredeln; die Edeltanne

die **EDV** (elektronische
Datenverarbeitung)

der **E|feu**; die Efeuranke

der **Ef|fekt** (Wirkung), die Effekte

e|gal; das ist mir egal

e|go|is|tisch (selbstsüchtig);
der Egoist; die Egoistin; der Egoismus

die **E|he**, die Ehen; das Ehepaar;
die Ehefrau; der Ehemann

e|he, eher, am ehesten;
ehe du kamst, …

die **Eh|re**, die Ehren; ehren; verehren;
das Ehrenwort

der **Ehr|geiz**; ehrgeizig

ehr|lich; die Ehrlichkeit

das **Ei**, die Eier; das Eigelb; das Eiweiß;
eiförmig

die **Ei|che**, die Eichen

die **Ei|chel**, die Eicheln

das **Eich|hörn|chen**, die Eichhörnchen

die **Ei|dech|se**, die Eidechsen

die **Ei|fer|sucht**; eifersüchtig

eif|rig; der Eifer

ei|gen; ein eigenes Haus

ei|gen|ar|tig; die Eigenart

die **Ei|gen|schaft**, die Eigenschaften

das **Ei|gen|schafts|wort** (Adjektiv,
Wiewort), die Eigenschaftswörter

der **Ei|gen|sinn**; eigensinnig

ei|gent|lich

das **Ei|gen|tum**; der Eigentümer,
die Eigentümer; die Eigentümerin

sich **eig|nen**; geeignet

ei|len; eilig; die Eile

der **Ei|mer**, die Eimer

ein; eine; einem; einen; einer; eines;
eineinhalb [anderthalb]

ein|an|der [ei|nan|der]

die **Ein|bahn|stra|ße**

der **Ein|band**, die Einbände
die **Ein|bil|dung**, die Einbildungen; eingebildet; sich etwas einbilden
der **Ein|bre|cher**, die Einbrecher; einbrechen → brechen
ein|deu|tig
ein|drin|gen → dringen; eindringlich
der **Ein|druck**, die Eindrücke; eindrucksvoll
ei|ner|lei; das ist mir einerlei
ein|fach
ein|fä|deln
die **Ein|fahrt**, die Einfahrten
der **Ein|fall**, die Einfälle; einfallsreich; einfallen → fallen
ein|fäl|tig (leichtgläubig)
der **Ein|fluss**, die Einflüsse; einflussreich; beeinflussen
der **Ein|gang**, die Eingänge
ein|ge|bil|det
die **Ein|ge|wei|de** (innere Körperorgane wie Herz, Lunge)
ein|gie|ßen → gießen
die **Ein|heit**, die Einheiten; einheitlich
ei|nig; die Einigkeit; sich einigen; vereinigen
ei|ni|ge; einiges; einigermaßen

Ei

der **Ein|kauf**, die Einkäufe; einkaufen; das Einkaufszentrum
das **Ein|kom|men**, die Einkommen
ein|la|den, sie lädt ein, ich lud ein, ich habe eingeladen; die Einladung; einladend
der **Ein|lass**; einlassen → lassen
die **Ein|lei|tung**, die Einleitungen
ein|ma|chen; sie macht Obst ein
ein|mal; auf einmal; einmalig
das **Ein|mal|eins**
die **Ein|nah|me**, die Einnahmen; einnehmen → nehmen
ein|pa|cken → packen; eingepackt
ein|prä|gen; einprägsam
die **Ein|rich|tung**, die Einrichtungen
eins; es ist eins (1 Uhr); die Eins im Zeugnis; der Einser
ein|sam; die Einsamkeit
der **Ein|satz**, die Einsätze
ein|schen|ken; Tee einschenken
ein|schla|fen → schlafen
ein|schlie|ßen → schließen; einschließlich; eingeschlossen
ein|schu|len; sie wird eingeschult; die Einschulung
ein|sei|tig
die **Ein|sicht**, die Einsichten; einsichtig; einsehen

ein|sper|ren
einst; einstmals; einstweilen
ein|stei|gen → steigen
ein|stim|mig
die **Ein|tei|lung**, die Einteilungen; einteilen
ein|tre|ten → treten; der Eintritt; die Eintrittskarte
ein|ver|stan|den
der **Ein|wand**, die Einwände; einwandfrei
der **Ein|woh|ner**, die Einwohner; die Einwohnerin
die **Ein|zahl**; Einzahl und Mehrzahl
die **Ein|zel|heit**, die Einzelheiten
ein|zeln; einzelne Wörter; jeder Einzelne
ein|zie|hen → ziehen; der Einzug
ein|zig; einzige; einzigartig
das **Eis**, zwei Eis; eiskalt; eisig; Eis laufen, ich laufe Eis; die Eisbahn; das Eishockey

das **Ei|sen**, die Eisen; eisern; die Eisenbahn
ei|tel; die Eitelkeit
der **Ei|ter**; eitern; eitrig
sich **e|keln**, ich ekele [ekle] mich; der Ekel; ekelig [eklig]

e|las|tisch; die Elastizität
die **El|be** (Fluss)
der **Elch**, die Elche
der **E|le|fant**, die Elefanten
e|le|gant; die Eleganz
e|lekt|risch [e|lek|trisch]; die Elektrizität; der Elektriker, die Elektriker
das **E|le|ment**, die Elemente
das **E|lend**; mir ist elend; elendig
elf; der Elfmeter
die **El|fe** (Märchengestalt), die Elfen
das **El|fen|bein**
der **Ell|bo|gen** [Ellenbogen], die Ellbogen
die **Els|ter**, die Elstern
die **El|tern**; die Großeltern; der Elternabend; das Elternhaus
die [das] **E-Mail** (elektronische Post), die E-Mails; die E-Mail-Adresse
emp|fan|gen, er empfängt, ich empfing, ich habe empfangen; der Empfang; der Empfänger
emp|feh|len, sie empfiehlt, ich empfahl, ich habe empfohlen; die Empfehlung; empfehlenswert
emp|fin|den, er empfindet, ich empfand, ich habe empfunden; die Empfindung; empfindlich

em|**por**; emporsteigen
sich **em|pö|ren**; die Empörung; empörend
em|sig
das **En|de**, die Enden; am Ende; zu Ende sein; beenden;
end|gül|tig; endlich; enden; endlos
die **E|ner|gie**, die Energien; energisch
eng; die Enge; der Engpass
der **En|gel**, die Engel
Eng|land; der Engländer, die Engländer; die Engländerin; englisch; auf Englisch
der **En|kel**, die Enkel; die Enkelin, die Enkelinnen
e|norm (außerordentlich)
ent|beh|ren; die Entbehrung
die **Ent|bin|dung** (Geburt); entbinden
ent|de|cken; die Entdeckung
die **En|te**, die Enten; der Enterich
ent|fer|nen; die Entfernung; entfernt
ent|füh|ren; die Entführung
ent|ge|gen
ent|geg|nen; die Entgegnung
ent|glei|sen; die Entgleisung
ent|hal|ten → halten; die Enthaltung
ent|kom|men → kommen
ent|lang; den Weg entlang
ent|las|sen → lassen
ent|lau|fen → laufen

sich **ent|rüs|ten**; die Entrüstung
die **Ent|schä|di|gung**, die Entschädigungen
ent|schei|den, sie entscheidet, ich entschied, ich habe entschieden; die Entscheidung
sich **ent|schlie|ßen**, er entschließt sich, ich entschloss mich, ich habe mich entschlossen; der Entschluss, die Entschlüsse
ent|schul|di|gen; die Entschuldigung
das **Ent|set|zen**; entsetzlich
ent|span|nen; die Entspannung
ent|spre|chen → sprechen; entsprechend
ent|ste|hen; die Entstehung
ent|täu|schen; die Enttäuschung; enttäuscht; enttäuschend
ent|wäs|sern; die Entwässerung
ent|we|der … oder …
ent|wer|fen, sie entwirft, ich entwarf, ich habe entworfen; der Entwurf, die Entwürfe
ent|wer|ten; Fahrkarten entwerten
ent|wi|ckeln; die Entwicklung
ent|zif|fern
ent|zü|ckend; das Entzücken
die **Ent|zün|dung**, die Entzündungen; entzündet

ent|zwei; die Tasse ist entzwei
er; er ist mein Freund
das **Er|bar|men**; erbärmlich; sich erbarmen
er|ben; der Erbe, die Erben; die Erbin; das Erbe
er|bli|cken
er|bost sein, sie ist erbost
die **Erb|se**, die Erbsen
das **Erd|be|ben**, die Erdbeben
die **Erd|bee|re**, die Erdbeeren
die **Er|de**; der Erdboden; der Erdball

das **Erd|gas**
die **Erd|nuss**, die Erdnüsse
das **Erd|öl**
das **Er|eig|nis**, die Ereignisse; sich ereignen; ereignisreich
er|fah|ren, sie erfährt, ich erfuhr, ich habe erfahren; die Erfahrung, die Erfahrungen
er|fin|den → finden; die Erfindung
der **Er|folg**, die Erfolge; erfolgreich
er|for|schen → forschen
er|freu|lich; erfreuen
er|frie|ren → frieren
er|fri|schen; erfrischend
er|fül|len → füllen; die Erfüllung
Er|furt

er|gän|zen; die Ergänzung
das **Er|geb|nis**, die Ergebnisse
er|gie|big
er|hit|zen; du bist erhitzt
die **Er|ho|lung**; sich erholen; erholsam
sich **er|in|nern**; die Erinnerung
die **Er|käl|tung**; sich erkälten
er|ken|nen → kennen
er|klä|ren, er erklärt; die Erklärung
er|kran|ken; die Erkrankung
sich **er|kun|di|gen**; die Erkundigung
er|lau|ben; die Erlaubnis; erlaubt
er|läu|tern, sie erläutert; die Erläuterung
die **Er|le**, die Erlen
er|le|ben; er erlebt etwas; das Erlebnis, die Erlebnisse
er|le|di|gen; erledigt
er|leich|tern; die Erleichterung
er|lö|sen; die Erlösung
er|mah|nen; die Ermahnung
die **Er|mä|ßi|gung**; ermäßigt
er|mit|teln; die Ermittlung
er|näh|ren; die Ernährung
er|neu|ern, ich erneuere, er erneuert; erneut
ernst; ernsthaft; im Ernst
ern|ten; die Ernte, die Ernten; das Erntedankfest

er|o|bern; die Eroberung
er|öff|nen → öffnen; die Eröffnung
er|pres|sen; er wird erpresst; die Erpressung; der Erpresser
er|ra|ten → raten
die **Er|re|gung**; erregt
er|rei|chen; das Ziel erreichen
er|rich|ten; das Haus errichten
er|rö|ten
der **Er|satz**; ersetzen
er|schau|dern, er erschaudert
er|schei|nen; die Erscheinung
er|schöpft; die Erschöpfung
er|schre|cken; einen Schreck bekommen; sie erschrickt, ich erschrak, ich bin erschrocken; jemanden in Schrecken versetzen

er|schüt|tern; die Erschütterung
er|set|zen → setzen; der Ersatz; das Ersatzteil
erst [zuerst]; erstens; erstmalig; der Erste; als Erster; erstklassig
das **Er|stau|nen**; erstaunen; erstaunt
er|sti|cken; die Erstickung
er|tap|pen (erwischen); sie wird ertappt

er|tra|gen → tragen
er|trin|ken → trinken
der **Er|wach|se|ne**, die Erwachsenen; die Erwachsene; erwachsen
er|wäh|nen; die Erwähnung
er|war|ten; die Erwartung
er|wer|ben → werben
er|wi|dern; die Erwiderung
er|wi|schen; sie erwischt ihn
er|zäh|len; die Erzählung
er|zie|hen; die Erziehung
es; es schneit
die **E|sche,** die Eschen
der **E|sel**, die Esel
der **Es|ki|mo**, die Eskimos
es|sen, er isst, ich aß, ich habe gegessen; das Essen; essbar; der Esslöffel
Es|sen (Stadt)
der **Es|sig**, die Essige; die Essiggurke
Est|land; der Estländer, die Estländer, die Estländerin; estländisch
die **E|ta|ge**, die Etagen
die **E|tap|pe** (Teilstrecke), die Etappen
das **E|ti|kett** (Aufkleber), die Etiketten
das **E|tui**, die Etuis
et|wa
et|was; etwas Butter; etwas Gutes

Eu bis Ex

euch; euer; eure; euretwegen

die **Eu|le**, die Eulen

der **Eu|ro** [€], die Euro [Euros]

Eu|ro|pa; der Europäer, die Europäer, die Europäerin; europäisch; die Europäische Union [EU]

das [der] **Eu|ter**, die Euter

e|van|ge|lisch [ev.]

das **E|van|ge|li|um**, die Evangelien

e|ven|tu|ell (vielleicht)

e|wig; die Ewigkeit; verewigen

e|xakt [ex|akt] (genau)

das **E|xem|plar [Ex|emp|lar]** (Stück), die Exemplare

e|xis|tie|ren (vorhanden sein); die Existenz

die **Ex|pe|di|ti|on**, die Expeditionen

das **Ex|pe|ri|ment** (Versuch), die Experimente; experimentieren

ex|plo|die|ren; die Explosion

ex|tra [ext|ra] (außerdem, besonders)

ex|trem [ext|rem] (außerordentlich)

Fa

die **Fa|bel**, die Fabeln; fabelhaft

die **Fa|brik [Fab|rik]**, die Fabriken; der Fabrikant; die Fabrikantin; fabrizieren

das **Fach**, die Fächer; der Fachmann; die Fachfrau; fachgerecht; vierfach

die **Fa|ckel**, die Fackeln

fad [fade] (langweilig)

der **Fa|den**, die Fäden; einfädeln

fä|hig; die Fähigkeit

die **Fahn|dung**; fahnden

die **Fah|ne**, die Fahnen

die **Fäh|re**, die Fähren

fah|ren, er fährt, ich fuhr, ich bin gefahren; fahrlässig; der Fahrer; die Fahrerin; die Fahrt; das Fahrzeug

das **Fahr|rad**, die Fahrräder

die **Fähr|te** (Spur), die Fährten

fair (anständig, ehrlich); die Fairness

der **Fal|ke**, die Falken

fal|len, er fällt, ich fiel,
ich bin gefallen; die Falle;
der Fall, die Fälle; fällig

fäl|len; der Holzfäller

falls; keinesfalls

falsch; die Fälschung; fälschen

fal|ten; die Falte, die Falten

der **Fal|ter**, die Falter

die **Fa|mi|lie**, die Familien;
das Familienfest

der **Fan**, die Fans; der Fanclub

fan|gen, er fängt, ich fing,
ich habe gefangen;
der Fang, die Fänge;
der Gefangene; das Gefängnis

die **Fan|ta|sie**, die Fantasien;
fantastisch; fantasieren

die **Far|be**, die Farben; färben;
farbenfroh

die **Farm**, die Farmen

der **Farn**; das Farnkraut

der **Fa|san**, die Fasane [Fasanen]

der **Fa|sching** (Karneval)

die **Fa|ser**, die Fasern; faserig

das **Fass**, die Fässer

die **Fas|sa|de** (Vorderseite),
die Fassaden

fas|sen, er fasst; gefasst;
fass!; die Fassung

fast (beinahe)

fas|ten; die Fastenzeit; die Fastnacht

das **Fast|food** (schneller Imbiss)

fau|chen; die Katze faucht

faul; die Faulheit; faulenzen;
der Faulpelz

fau|len; verfault; faul

die **Faust**, die Fäuste;
der Faustball; faustdick

das **Fax** (Telefax), die Faxe;
faxen, sie faxt; gefaxt; das Faxgerät

die **Fa|xen** (dumme Späße)

der **Fe|bru|ar [Feb|ru|ar]**

die **Fe|der**, die Federn; der Federball;
federleicht

die **Fee** (Märchengestalt), die Feen

fe|gen; der Feger (Besen)

feh|len, er fehlt

der **Feh|ler**, die Fehler; fehlerfrei;
fehlerhaft

fei|ern; die Feier; feierlich

fei|ge; der Feigling; die Feigheit

die **Fei|ge**, die Feigen

fei|len; die Feile, die Feilen

fein; die Feinheit

der **Feind**, die Feinde; feindlich

das **Feld**, die Felder; der Feldweg

die **Fel|ge** (eines Rades), die Felgen;
die Felgenbremse

das **Fell**, die Felle

der **Fel|sen** [Fels], die Felsen; felsig

das **Fens|ter**, die Fenster

die **Fe|ri|en**

das **Fer|kel**, die Ferkel

fern; die Ferne;
die Entfernung; sich entfernen;
das Ferngespräch; das Fernrohr

der **Fern|se|her**; das Fernsehgerät;
fernsehen; beim Fernsehen

die **Fer|se** (Hacke), die Fersen

fer|tig; die Fertigstellung

fes|seln, ich fessele [fessle];
die Fessel, die Fesseln

fest; feststellen; festhalten

das **Fest**, die Feste; festlich

fett; fettig; einfetten; das Fett

der **Fet|zen**, die Fetzen; zerfetzt

feucht; die Feuchtigkeit

das **Feu|er**, die Feuer; feurig;
die Feuerwache; die Feuerwehr;
das Feuerwerk

die **Fi|bel**, die Fibeln

die **Fich|te**, die Fichten

das **Fie|ber**; fiebern; fiebrig;
das Fieberthermometer

er **fiel** → fallen

fies (gemein)

die **Fi|gur**, die Figuren

die **Fi|li|a|le** (Zweigstelle), die Filialen

der **Film**, die Filme; filmen

der **Fil|ter**, die Filter

der **Filz**; der Filzstift; der Filzhut

das **Fi|na|le** (Endspiel), die Finale

das **Fi|nanz|amt**; finanzieren;
die Finanzen (Mehrzahl)

fin|den, er findet, ich fand,
ich habe gefunden; der Finder;
der Finderlohn; der Fund

der **Fin|ger**, die Finger

der **Fink**, die Finken

Finn|land; der Finne, die Finnen,
die Finnin; finnisch

fins|ter; die Finsternis

die **Fir|ma**, die Firmen

die **Fir|mung**

der **Fisch**, die Fische; fischen

fit; das Fitnesstraining

fix (gewandt); ein fixes Mädchen

flach; die Fläche, die Flächen;
das Flachland

fla|ckern; die Kerze flackert

die **Flag|ge**, die Flaggen

die **Flam|me**, die Flammen

die **Fla|sche**, die Flaschen

flat|tern; die Fahne flattert

flau; die Flaute

der **Flaum**; die Flaumfeder

die **Flech|te** (Ausschlag), die Flechten
flech|ten; sie flicht den Zopf; ich flocht, ich habe geflochten
der **Fleck**, die Flecken; fleckig
die **Fle|der|maus**, die Fledermäuse

der **Fle|gel**, die Flegel; flegelhaft
fle|hen; flehentlich
das **Fleisch**; fleischig; die Fleischerei
der **Fleiß**; fleißig
flen|nen (weinen), er flennt
flet|schen; er fletscht die Zähne
fli|cken, sie flickt; das Flickzeug; der Flicken, die Flicken
die **Flie|ge**, die Fliegen
flie|gen, er fliegt, ich flog, ich bin geflogen; das Flugzeug
flie|hen, sie flieht, ich floh, ich bin geflohen; die Flucht
die **Flie|se**, die Fliesen
flie|ßen; das Wasser fließt, es floss, es ist geflossen
flim|mern; das Licht flimmert
flink
die **Flin|te**, die Flinten
flit|zen; er flitzt ums Haus
die **Flo|cke**, die Flocken; flockig
der **Floh**, die Flöhe; der Flohmarkt
das **Floß**, die Flöße; flößen
die **Flos|se**, die Flossen

flö|ten; die Flöte, die Flöten
flott (schnell)
flu|chen; der Fluch, die Flüche
flüch|ten; die Flucht; der Flüchtling, die Flüchtlinge
flüch|tig; der Flüchtigkeitsfehler
der **Flug**, die Flüge; der Flughafen; das Flugzeug
der **Flü|gel**, die Flügel
der **Flur** (Gang im Haus), die Flure
der **Fluss**, die Flüsse
flüs|sig; die Flüssigkeit
flüs|tern, er flüstert
die **Flut**, die Fluten; fluten
das **Foh|len**, die Fohlen
der **Föhn** (Haartrockner), die Föhne
föh|nen; sie föhnt die Haare
der **Föhn** (warmer Wind); föhnig
fol|gen; die Folge, die Folgen; folgend; die folgende Seite
die **Fo|lie**, die Folien
fol|tern; die Folter
die **Fon|tä|ne** (Springbrunnen), die Fontänen

fop|pen (necken), er foppt dich
for|dern; die Forderung
för|dern; befördern; das Förderband

die **Fo|rel|le**, die Forellen; die Forellenzucht

die **Form**, die Formen; formen

for|mu|lie|ren; die Formulierung; das Formular, die Formulare

for|schen, sie forscht; der Forscher, die Forscher; die Forscherin; die Forschung

der **Förs|ter**, die Förster

fort; in einem fort; sofort

fort|fah|ren → fahren; von hier fortfahren; mit dem Lesen fortfahren

fort|ge|hen → gehen

der **Fort|schritt**, die Fortschritte; fortschrittlich

fort|set|zen; die Fortsetzung

fort|wäh|rend (immer)

das **Fo|to**, die Fotos; der Fotograf; die Fotografie; fotografieren

die **Fo|to|ko|pie**; fotokopieren

das **Foul** (Regelverstoß), die Fouls

die **Fracht**, die Frachten; der Frachter; verfrachten

fra|gen, er fragt, ich fragte, ich habe gefragt; die Frage; fraglich; fragwürdig

Frank|furt

fran|kie|ren; der Brief wird frankiert

Frank|reich; der Franzose, die Franzosen, die Französin; französisch

die **Frat|ze**, die Fratzen; Fratzen schneiden

die **Frau**, die Frauen

frech; die Frechheit

frei; die Freiheit; im Freien

das **Frei|bad**, die Freibäder

frei|lich

der **Frei|tag**; freitags; am Freitagmorgen

frei|wil|lig

die **Frei|zeit**

fremd; der Fremde; die Fremde; in der Fremde; das Fremdwort

fres|sen, er frisst, ich fraß, ich habe gefressen; friss!; der Fraß; der Vielfraß; gefräßig

die **Freu|de**, die Freuden; freudig

sich **freu|en**; erfreulich

der **Freund**, die Freunde; die Freundin; die Freundschaft; freundschaftlich; freundlich; die Freundlichkeit

der **Frie|den** [Friede]; friedlich

der **Fried|hof**, die Friedhöfe

frie|ren, sie friert, ich fror, ich habe gefroren; erfrieren

die **Fri|ka|del|le**, die Frikadellen

das **Fris|bee**; die Frisbeescheibe

frisch; erfrischend; erfrischen; die Erfrischung

der **Fri|sör** [Friseur], die Frisöre; die Frisörin [Friseurin]; die Frisur; frisieren

die **Frist**, die Fristen; kurzfristig; fristlos

froh; der Frohsinn

fröh|lich; die Fröhlichkeit

fromm; die Frömmigkeit

Fron|leich|nam (kath. Feiertag)

die **Front**, die Fronten; frontal

der **Frosch**, die Frösche; der Froschlaich

der **Frost**, die Fröste; frostig; frösteln

das **Frot|tee|hand|tuch**, die Frotteehandtücher

die **Frucht**, die Früchte; fruchtbar

früh; früher; frühestens; morgens früh; die Frühe

der **Früh|ling**; das Frühjahr

das **Früh|stück**; frühstücken

der **Frust**; frustriert

der **Fuchs**, die Füchse

die **Fu|ge**; die Fugen

füh|len; der Fühler, das Gefühl

füh|ren; die Führung

der **Füh|rer|schein**

das **Fuhr|werk**, die Fuhrwerke

fül|len; die Fülle; die Füllung; der Füllhalter; der Füller

fum|meln, er fummelt

der **Fund**, die Funde; das Fundbüro

fünf; fünfzehn; fünfzig

der **Fun|ke** [Funken], die Funken

fun|keln, es funkelt

funk|ti|o|nie|ren; die Funktion

der **Funk|turm**; funken

für; füreinander

sich **fürch|ten**; die Furcht; furchtbar; fürchterlich

die **Für|sor|ge**; fürsorglich

das **Für|wort** (Pronomen)

der **Fuß**, die Füße; der Fußball; zu Fuß gehen

futsch (weg)

das **Fut|ter** (Stoff); der Mantel ist gefüttert

das **Fut|ter** (Nahrung); die Fütterung; füttern

das **Fu|tur** (grammatisch: Zukunft)

die **Ga|be**, die Gaben

die **Ga|bel**, die Gabeln

ga|ckern; das Huhn gackert

der **Gag** (witziger Einfall), die Gags

gäh|nen, du gähnst

die **Gal|le**; der Gallenstein

ga|lop|pie|ren; der Galopp

der **Game|boy**, die Gameboys

die **Gäm|se** (ziegenähnliches Tier), die Gämsen

der **Gang**, die Gänge; die Gangschaltung

der **Gangs|ter**, die Gangster

der **Ga|no|ve**, die Ganoven

die **Gans**, die Gänse; das Gänseblümchen

ganz; ganze; ganzer; im ganzen Land; ganz und gar; im Ganzen

gar (fertig); das Fleisch ist gar; garen

die **Ga|ra|ge**, die Garagen

die **Ga|ran|tie**, die Garantien; der Garantieschein; garantieren

die **Gar|de|ro|be**, die Garderoben

die **Gar|di|ne**, die Gardinen

gä|ren; der Wein ist gegoren

das **Garn**, die Garne; das Nähgarn

die **Gar|ni|tur**, die Garnituren

gars|tig (gemein)

der **Gar|ten**, die Gärten; der Gärtner; die Gärtnerin; die Gärtnerei

das **Gas**, die Gase; die Abgase

die **Gas|se**, die Gassen

der **Gast**, die Gäste; die Gaststätte; gastlich; der Gastwirt; die Gastwirtin

der **Gat|te**, die Gatten; die Gattin

der **Gaul**, die Gäule

der **Gau|men**, die Gaumen

der **Gau|ner** (Betrüger), die Gauner; die Gaunerin; die Gaunerei

das **Ge|bäck**

die **Ge|bär|de**, die Gebärden

ge|bä|ren; sie gebärt ein Kind

das **Ge|bäu|de**, die Gebäude

das **Ge|bell** [Gebelle]

ge|ben, er gibt, ich gab, ich habe gegeben; gib!

das **Ge|bet**, die Gebete; beten

das **Ge|biet**, die Gebiete
das **Ge|bir|ge**, die Gebirge; gebirgig
das **Ge|biss**, die Gebisse
das **Ge|blä|se**, die Gebläse

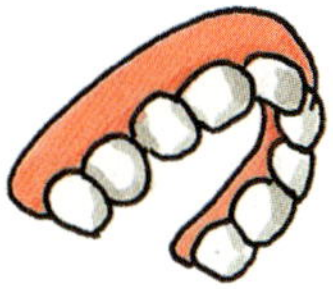

ge|bo|ren,
er ist in Ulm geboren
das **Ge|bot**, die Gebote
ge|brau|chen; der Gebrauch
das **Ge|brüll**
die **Ge|bühr**, die Gebühren
die **Ge|burt**, die Geburten
der **Ge|burts|tag**, die Geburtstage
das **Ge|büsch**, die Gebüsche
das **Ge|dächt|nis**, die Gedächtnisse
der **Ge|dan|ke**, die Gedanken
das **Ge|deck**, die Gedecke
ge|den|ken; das Gedenken
das **Ge|dicht**, die Gedichte
das **Ge|drän|ge**; drängen; gedrängt
die **Ge|duld**; geduldig
ge|eig|net
die **Ge|fahr**, die Gefahren;
gefährlich; gefährden
der **Ge|fähr|te**, die Gefährten;
die Gefährtin
das **Ge|fäl|le**; die Gefällstrecke
ge|fal|len, es gefällt, es gefiel,
es hat gefallen
der **Ge|fal|len**

der **Ge|fan|ge|ne**, die Gefangenen;
die Gefangenschaft;
das Gefängnis, die Gefängnisse
das **Ge|fäß**, die Gefäße
das **Ge|fie|der**; gefiedert
das **Ge|flü|gel**; die Geflügelfarm
das **Ge|flüs|ter**; flüstern
ge|frä|ßig
die **Ge|frier|tru|he**, die Gefriertruhen
das **Ge|fühl**, die Gefühle; gefühllos
ge|gen; gegeneinander
die **Ge|gend**, die Gegenden
der **Ge|gen|satz**, die Gegensätze;
gegensätzlich
ge|gen|sei|tig
der **Ge|gen|stand**, die Gegenstände
das **Ge|gen|teil**; im Gegenteil
ge|gen|ü|ber
die **Ge|gen|wart**; gegenwärtig
der **Geg|ner**, die Gegner; die Gegnerin
das **Ge|halt**, die Gehälter
ge|häs|sig
das **Ge|häu|se** (der Uhr), die Gehäuse
ge|heim; geheim halten;
das Geheimnis, die Geheimnisse;
geheimnisvoll
ge|hen, er geht, ich ging,
ich bin gegangen; der Gang
ge|heu|er; das ist mir nicht geheuer

Ge

A B C D E F G H I J K L M N O P Qu R S T U V W X Y Z

das **Ge|hirn**, die Gehirne

das **Ge|hör**; gehörlos

ge|hor|chen, er gehorcht; der Gehorsam; gehorsam sein

ge|hö|ren; das Heft gehört mir

der **Gei|er**, die Geier

die **Gei|ge**, die Geigen; der Geiger; die Geigerin

die **Gei|sel**, die Geiseln

die **Geiß** (Ziege), die Geißen; das Geißlein

der **Geist**, die Geister; geistig; der Geistliche (Priester)

gei|zig; der Geiz; der Geizhals

das **Gel** (für die Haare), die Gele

das **Ge|läch|ter**

ge|lähmt; der Gelähmte

das **Ge|län|de**, die Gelände

das **Ge|län|der**, die Geländer

gelb; gelbe Blumen; gelblich; gelbgrün

das **Geld**, die Gelder; viel Geld

das [der] **Ge|lee**, die Gelees

die **Ge|le|gen|heit**, die Gelegenheiten; gelegentlich

ge|lehrt; gelehrig; der Gelehrte; die Gelehrte

das **Ge|lenk**, die Gelenke; gelenkig

ge|lin|gen, es gelingt, es gelang, es ist gelungen

gel|ten, es gilt, es galt, es hat gegolten

ge|mäch|lich (langsam)

das **Ge|mäl|de**, die Gemälde

ge|mäß; dem Wunsch gemäß

ge|mein; die Gemeinheit

die **Ge|mein|de**, die Gemeinden

ge|mein|sam; die Gemeinsamkeit

die **Ge|mein|schaft**; gemeinschaftlich

das **Ge|mü|se**; das Gemüsebeet

ge|müt|lich; die Gemütlichkeit

gen; gen Süden fahren

ge|nau; genauso; die Genauigkeit

ge|neh|mi|gen; die Genehmigung

die **Ge|ne|ra|ti|on**, die Generationen

ge|ni|al

das **Ge|nick**, die Genicke

sich **ge|nie|ren** (sich schämen)

ge|nie|ßen, er genießt, ich genoss, ich habe genossen; der Genuss, die Genüsse; genüsslich; ungenießbar

der **Ge|ni|tiv** (2. Fall, Wesfall)

der **Ge|nos|se**, die Genossen; die Genossin

der **Ge|nuss** → genießen
genuss is preceded by:

ge|nug; genügen; genügend
der **Ge|nuss** → genießen
die **Ge|o|gra|fie** [Geographie] (Erdkunde)
die **Ge|o|me|trie**; geometrisch
das **Ge|päck**; gepackt; packen
ge|ra|de; geradeaus
das **Ge|rät**, die Geräte
ge|ra|ten, es gerät, es geriet, es ist geraten
ge|räu|mig (groß)
das **Ge|räusch**, die Geräusche
ge|recht; die Gerechtigkeit
das **Ge|re|de**
das **Ge|richt**, die Gerichte
ge|ring (wenig)
ge|rin|nen, es gerinnt
das **Ge|rip|pe**, die Gerippe
der **Ger|ma|ne**, die Germanen
gern, lieber, am liebsten
das **Ge|röll** (lose Steine)
die **Gers|te** (Getreide)
die **Ger|te** (Rute), die Gerten
der **Ge|ruch**, die Gerüche; geruchlos
das **Ge|rücht**, die Gerüchte
das **Ge|rüm|pel**
das **Ge|rüst**, die Gerüste
ge|samt; die Gesamtschule
der **Ge|sang**, die Gesänge

Ge

das **Ge|säß**, die Gesäße
ge|sät|tigt (satt)
das **Ge|schäft**, die Geschäfte; geschäftlich
ge|sche|hen, es geschieht, es geschah, es ist geschehen; das Geschehen
ge|scheit (klug)
das **Ge|schenk**, die Geschenke
die **Ge|schich|te**, die Geschichten
ge|schickt; die Geschicklichkeit
ge|schie|den → scheiden
das **Ge|schirr**, die Geschirre; die Geschirrspülmaschine
das **Ge|schlecht**, die Geschlechter
der **Ge|schmack**; geschmackvoll
das **Ge|schöpf**, die Geschöpfe
das **Ge|schrei**
das **Ge|schwätz**; geschwätzig
die **Ge|schwin|dig|keit**; geschwind
die **Ge|schwis|ter**
ge|schwol|len → schwellen
das **Ge|schwür**, die Geschwüre
der **Ge|sel|le**, die Gesellen; die Gesellin; gesellig
die **Ge|sell|schaft**; die Gesellschaften
das **Ge|setz**, die Gesetze; gesetzlich
das **Ge|sicht**, die Gesichter
ge|spannt (neugierig)

Ge

das **Ge|spenst**, die Gespenster; gespenstisch [gespenstig]

das **Ge|spräch**, die Gespräche; gesprächig

ge|spren|kelt (getupft); das Fell ist gesprenkelt

die **Ge|stalt**, die Gestalten; gestalten

der **Ge|stank** → stinken

ge|stat|ten; es ist gestattet

die **Ges|te** (Gebärde), die Gesten

ge|ste|hen, ich gestand, ich habe gestanden; das Geständnis, die Geständnisse; geständig

das **Ge|stein**, die Gesteine

das **Ge|stell**, die Gestelle

ges|tern; gestern Abend; vorgestern

das **Ge|tö|se**

ge|streift; die gestreifte Hose

das **Ge|strüpp**, die Gestrüppe

ge|sund; die gesunde Ernährung; die Gesundheit

das **Ge|tränk**, die Getränke

das **Ge|trei|de**

ge|trennt; getrennt schreiben

das **Ge|trie|be**, die Getriebe

das **Ge|tu|schel**

das **Ge|wächs**, die Gewächse; das Gewächshaus

ge|wäh|ren; Hilfe gewähren

die **Ge|walt**, die Gewalten; gewaltig; gewalttätig

das **Ge|wand**, die Gewänder

ge|wandt; der gewandte Turner

das **Ge|wäs|ser**, die Gewässer

das **Ge|we|be**, die Gewebe

das **Ge|wehr**, die Gewehre

das **Ge|weih**, die Geweihe

das **Ge|wer|be**, die Gewerbe

die **Ge|werk|schaft**, die Gewerkschaften

ge|we|sen → sein

das **Ge|wicht**, die Gewichte

das **Ge|wim|mel**

ge|win|nen, sie gewinnt, ich gewann, ich habe gewonnen; der Gewinn; der Gewinner; die Gewinnerin

das **Ge|wirr**

ge|wiss; die Gewissheit

das **Ge|wis|sen**, die Gewissen; gewissenhaft

das **Ge|wit|ter**, die Gewitter; gewittrig; gewittern

ge|witzt

ge|wöh|nen; gewöhnlich;
ich bin daran gewöhnt;
gewohnt; ich bin das gewohnt;
die Gewohnheit

das **Ge|wöl|be**, die Gewölbe

das **Ge|wühl**

das **Ge|würz**, die Gewürze

die **Ge|zei|ten** (Ebbe und Flut)

das **Ge|zwit|scher**

er **gibt** → geben

der **Gie|bel**, die Giebel

die **Gier**; gierig

gie|ßen, er gießt, ich goss,
ich habe gegossen;
die Gießkanne; der Guss

das **Gift**, die Gifte; vergiften; giftig

sie **ging** → gehen

der **Gip|fel**, die Gipfel

der **Gips**; der Gipsverband

die **Gi|raf|fe**, die Giraffen

die **Gir|lan|de**, die Girlanden

die **Gi|tar|re**, die Gitarren;
die Gitarrensaite

das **Git|ter**, die Gitter; vergittern

der **Glanz**; glänzen; glänzend

das **Glas**, die Gläser; gläsern

glatt, glatter [glätter],
am glattesten [glättesten]; die Glätte

die **Glat|ze**, die Glatzen;
der Glatzkopf; glatzköpfig

glau|ben; der Glaube;
gläubig

gleich (sofort); ich komme gleich

gleich (ebenso); gleich groß;
gleichfalls; gleichgültig;
das Gleichgewicht; gleichen

gleich (egal); es ist mir gleich

das **Gleis**, die Gleise

glei|ten, er gleitet, ich glitt,
ich bin geglitten; ausgleiten

der **Glet|scher** (Eisstrom im Gebirge),
die Gletscher

das **Glied**, die Glieder; gliedern;
die Gliederung

glim|men; das Feuer glimmt,
es glomm [glimmte],
es hat geglommen [geglimmt]

glimpf|lich (ohne großen Schaden)

glit|schen (gleiten); glitschig

glit|zern; der Ring glitzert

der **Glo|bus** (Erdkugel), die Globen
[Globusse]; global

die **Glo|cke**, die Glocken

glot|zen

das **Glück**; der Glückwunsch;
glücklich; glücklicherweise;
glücken; es glückt mir

die **Glu|cke**, die Glucken
glü|hen; glühend;
die Glühlampe; die Glut
die **Gna|de**; gnädig; gnadenlos
der **Go|ckel** (Hahn), die Gockel
das **Gold**; vergoldet; goldig
das **Golf**; Golf spielen
der **Golf**; der Golfstrom
der **Gong**, die Gongs;
gongen, es gongt
gön|nen; ich gönne es dir
der **Go|ril|la**, die Gorillas
der **Gott**, die Götter; die Göttin;
grüß Gott!; der Gottesdienst
das **Grab**, die Gräber
gra|ben, er gräbt, ich grub,
ich habe gegraben
der **Gra|ben**, die Gräben
der **Grad**, die Grade; 30 Grad Wärme
der **Gram** (Kummer); sich grämen
das **Gramm** [g]; fünfzig Gramm
die **Gram|ma|tik**, die Grammatiken;
grammatisch
der **Gra|nit** (Gestein)
die **Grape|fruit** (Pampelmuse),
die Grapefruits
das **Gras**, die Gräser; grasen
gräss|lich
der **Grat** (Bergkamm), die Grate

die **Grä|te**, die Gräten
gra|tis (umsonst, kostenlos)
die **Grät|sche**, die Grätschen;
grätschen (spreizen)
gra|tu|lie|ren; die Gratulation
grau; graublau; gräulich
das **Grau|brot**, die Graubrote
grau|en (Furcht haben);
es graut mir davor; das Grauen;
grauenhaft; der Gräuel, die Gräuel;
die Gräueltat
die **Grau|pel** (Hagelkorn),
die Graupeln; der Graupelschauer
grau|sam; die Grausamkeit
grei|fen, sie greift, ich griff,
ich habe gegriffen; der Griff
der **Greis** (alter Mensch), die Greise;
die Greisin
grell; ein greller Schrei
die **Gren|ze**, die Grenzen
Grie|chen|land; der Grieche,
die Griechen, die Griechin; griechisch
der **Grieß**; der Grießbrei
der **Griff**, die Griffe; griffig
der **Grill**, die Grills; grillen
die **Gril|le** (Insekt), die Grillen
die **Gri|mas|se**,
die Grimassen
grim|mig; der Grimm

grin|sen, sie grinst

die **Grip|pe**; er hat Grippe

grob, gröber, am gröbsten; der Grobian

gröl|len (lärmen)

grol|len; der Donner grollt

groß, größer, am größten; die Größe; die Großeltern; großartig

Groß|bri|tan|ni|en; der Brite, die Briten, die Britin; britisch

die **Grot|te** (Höhle), die Grotten

das **Grüb|chen**, die Grübchen

die **Gru|be**, die Gruben

grü|beln (nachdenken), sie grübelt

die **Gruft** (Grab), die Grüfte

grün; grünlich

der **Grund**, die Gründe; zu Grunde [zugrunde] gehen; auf Grund [aufgrund]

grün|den; die Gründung

gründ|lich

grund|sätz|lich; der Grundsatz

die **Grund|schu|le**, die Grundschulen; der Grundschüler; die Grundschülerin

das **Grund|stück**, die Grundstücke

grun|zen; das Schwein grunzt

die **Grup|pe**, die Gruppen

sich **gru|seln**, sie gruselt sich; gruselig

grü|ßen, sie grüßt; der Gruß, die Grüße

die **Grüt|ze**, die Grützen

gu|cken, er guckt

das [der] **Gu|lasch**, die Gulaschsuppe

der [das] **Gul|ly**, die Gullys

gül|tig; die Gültigkeit

der [das] **Gum|mi**, die Gummis; das Gummiband; der Radiergummi

güns|tig; zu Gunsten [zugunsten]

die **Gur|gel**, die Gurgeln; gurgeln, ich gurgle [gurgele], sie gurgelt

die **Gur|ke**, die Gurken

der **Gurt**, die Gurte; gurten

der **Gür|tel**, die Gürtel

der **Guss**, die Güsse; der Regenguss

gut, besser, am besten; etwas Gutes tun; das Gutachten

das **Gut**, die Güter; der Güterzug

gü|tig; die Güte

das **Gym|na|si|um**, die Gymnasien

die **Gym|nas|tik**; die Gymnastikstunde

das **Haar**, die Haare; das Härchen; haaren; haarig

ha|ben, er hat, ich hatte, ich habe gehabt

hab|gie|rig; die Habgier

die **Ha|cke** (Werkzeug), die Hacken

die **Ha|cke** [der Hacken] (Ferse), die Hacken

ha|cken; Holz hacken

der **Ha|fen**; die Häfen

der **Ha|fer**; die Haferflocken

die **Haft**; der Häftling

haf|ten; die Haftung; verhaften

die **Ha|ge|but|te**, die Hagebutten

der **Ha|gel**; hageln

der **Hahn**, die Hähne

der **Hai**, die Haie

hä|keln; die Häkelnadel

der **Ha|ken**, die Haken; haken

halb; eine halbe Stunde; die Halbschuhe; halbieren

Ha

die **Hälf|te**, die Hälften

die **Hal|le**, die Hallen; das Hallenbad

hal|lo; Hallo rufen [hallo rufen]

der **Halm**, die Halme

die **Ha|lo|gen|lam|pe**, die Halogenlampen

der **Hals**, die Hälse

hal|ten, er hält, ich hielt, ich habe gehalten; haltbar; die Haltestelle

der **Ha|lun|ke**, die Halunken

Ham|burg; der Hamburger, die Hamburger, die Hamburgerin; hamburgisch

hä|misch (gemein)

der **Ham|mer**, die Hämmer; hämmern; ich hämmere

ham|peln; der Hampelmann

der **Hams|ter**, die Hamster

die **Hand**, die Hände; das Handtuch; handlich; der Handwerker

han|deln; die Handlung; der Handel; der Händler; die Händlerin

das **Han|dy**, die Handys

der **Hang**, die Hänge; der Abhang

hän|gen; die Wäsche hängt, sie hing, sie hat gehangen

Han|no|ver

der **Hap|pen**, die Happen

die **Har|ke**, die Harken; harken

harm|los

hart, härter, am härtesten; die Härte; hartnäckig

das **Harz**, die Harze; harzig

der **Ha|se**, die Hasen; das Häschen

die **Ha|sel|nuss**, die Haselnüsse

has|sen, er hasst, ich hasste, ich habe gehasst; der Hass

häss|lich

du **hast** → haben

die **Hast**; hastig; hasten

er **hat**, er hatte → haben

die **Hau|be**, die Hauben

der **Hauch**; hauchen

hau|en; Haue kriegen

der **Hau|fen**, die Haufen

häu|fig

das **Haupt**, die Häupter; die Hauptsache; hauptsächlich; die Hauptstadt

der **Häupt|ling**, die Häuptlinge

das **Haus**, die Häuser; haushoch; nach Hause; zu Hause sein; das Zuhause; die Hausaufgabe

die **Haut**, die Häute

die **Heb|am|me** (Geburtshelferin), die Hebammen

der **He|bel**, die Hebel

he|ben, sie hebt, ich hob, ich habe gehoben

der **Hecht** (Fisch), die Hechte

das **Heck**, die Hecks [Hecke]; die Heckscheibe

die **He|cke**, die Hecken

die **He|fe**; der Hefeteig

das **Heft**, die Hefte; heften

hef|tig; ein heftiger Sturm

die **Hei|de**; das Heidekraut

die **Hei|del|bee|re**, die Heidelbeeren

heil; heilen; die Heilung

hei|lig; der Heilige Abend

das **Heim**; ich fahre heim; heimgehen; heimkehren

die **Hei|mat**; heimatlos; das Heimweh

heim|lich; die Heimlichkeit

das **Hein|zel|männ|chen**

hei|ra|ten; die Heirat

hei|ser; die Heiserkeit

heiß, heißer, am heißesten

hei|ßen, sie heißt, sie hieß, sie hat geheißen

hei|ter; die Heiterkeit

hei|zen; die Heizung

der **Held**, die Helden

hel|fen, er hilft, ich half, ich habe geholfen; hilf!; die Hilfe

hell; hellblau; die Helligkeit

der **Helm**, die Helme; der Fahrradhelm

Hel|sin|ki (Hauptstadt von Finnland)

das **Hemd**, die Hemden

hem|men; die Hemmung

der **Hengst**, die Hengste

der **Hen|kel**, die Henkel

die **Hen|ne**, die Hennen

her; komm her!; hin und her

he|rab [her|ab]; herabgehen

he|ran [her|an]; herankommen

he|rauf [her|auf]; heraufbeschwören

he|raus [her|aus]; herausgeben

die **Her|ber|ge**, die Herbergen

der **Herbst**; herbstlich

der **Herd**, die Herde

die **Her|de**, die Herden

he|rein [her|ein]; hereinkommen

der **He|ring**, die Heringe

der **Herr**, die Herren

herr|lich; die Herrlichkeit

herr|schen; der Herrscher

her|stel|len; der Hersteller; die Herstellerin; die Herstellung

he|rü|ber [her|ü|ber]

he|rum [her|um]

he|run|ter [her|un|ter]; herunterlaufen

her|vor; hervorragend

das **Herz**, die Herzen; herzlich; die Herzlichkeit

Hes|sen; der Hesse, die Hessen, die Hessin; hessisch

het|zen, er hetzt; die Hetze

das **Heu**; der Heuhaufen

heu|er (in diesem Jahr)

heu|len; das Geheul

heu|te; heute Abend

die **He|xe**, die Hexen; verhexen; hexen

hier; hieran; hierauf; hierher; hier bleiben

die **Hi|e|ro|gly|phen** (alte ägyptische Schriftzeichen)

die **Hil|fe**, die Hilfen; hilflos; hilfsbereit

die **Him|bee|re**, die Himbeeren

der **Him|mel**; himmlisch

hin; hinab; hinauf; hinaus; hinausgehen; hinfallen

das **Hin|der|nis**, die Hindernisse; hindern

hin|durch

hin|ken, er hinkt

hin|ten; hintenherum; hintenüber

hin|ter; hintereinander; hinterher; der Hintergrund; die Hinterlist

der **Hin|tern**, die Hintern

hi|nü|ber [hin|ü|ber]; hinunter

der **Hin|weis**, die Hinweise
hin|zu
der **Hirsch**, die Hirsche
der **Hirt** [Hirte], die Hirten
der **Hit**, die Hits; die Hitparade
die **Hit|ze**; hitzefrei; hitzig
das **Hob|by**, die Hobbys
der **Ho|bel**, die Hobel; hobeln
hoch, höher, am höchsten; der hohe Berg; die Höhe; höchstens
die **Hoch|zeit**, die Hochzeiten
ho|cken; die Hocke
der **Ho|cker**, die Hocker
das **Ho|ckey**; Hockey spielen
der **Ho|den**, die Hoden
der **Hof**, die Höfe
hof|fen; die Hoffnung; hoffentlich
höf|lich; die Höflichkeit
hö|her → hoch
hohl; ein hohler Baum
die **Höh|le**, die Höhlen
der **Hohn**; verhöhnen; höhnisch
der **Ho|kus|po|kus**
ho|len, sie holt; abholen
Hol|land; der Holländer, die Holländer, die Holländerin; holländisch

die **Höl|le**; der Höllenlärm
hol|pe|rig [holprig]; holpern
das **Holz**, die Hölzer; hölzern
der **Ho|nig**; der Bienenhonig
hop|peln; der Hase hoppelt
hopp|la
hop|sen, sie hopst; der Hopser
hor|chen; horch!
die **Hor|de**, die Horden
hö|ren; der Hörer; die Hörerin
der **Ho|ri|zont**; horizontal
das **Horn**, die Hörner
die **Hor|nis|se**, die Hornissen
das **Ho|ros|kop [Ho|ro|skop]**, die Horoskope
der **Hort**, die Horte
die **Ho|se**, die Hosen
die **Hos|tie**, die Hostien
das **Ho|tel**, die Hotels
hübsch; ein hübsches Kleid
der **Hub|schrau|ber**, die Hubschrauber
hu|cke|pack (auf dem Rücken)
der **Huf**, die Hufe; das Hufeisen
die **Hüf|te**, die Hüften
der **Hü|gel**, die Hügel; hügelig [hüglig]
das **Huhn**, die Hühner
die **Hül|le**, die Hüllen; einhüllen
die **Hül|se** (Kapsel), die Hülsen
die **Hum|mel**, die Hummeln

Hu bis Hy

der **Hu|mor** (Heiterkeit); humorvoll
hum|peln
der **Hu|mus**; die Humuserde
der **Hund**, die Hunde
hun|dert; zweihundert
der **Hun|ger**; hungern; hungrig
die **Hu|pe**, die Hupen; hupen
hüp|fen, sie hüpft
die **Hür|de**, die Hürden
hur|ra; Hurra schreien [hurra schreien]
hu|schen; sie huscht davon
hus|ten; der Husten
der **Hut**, die Hüte
hü|ten; behüten; der Hüter
die **Hüt|te**, die Hütten
der **Hy|drant [Hyd|rant]**, die Hydranten
hy|gi|e|nisch (sauber); die Hygiene

Ic bis Im

der **IC** [Intercity-Zug], die ICs
der **ICE** [Intercity-Expresszug], die ICEs
ich; ich und du
i|de|al; ein idealer Platz
die **I|dee**, die Ideen
der **I|di|ot**, die Idioten; die Idiotin
der **I|gel**, die Igel
der [das] **I|glu [Ig|lu]**, die Iglus
ihm; ich gebe ihm die Hand
ihn; ich kenne ihn
ih|nen; ich gebe ihnen die Hand
ihr; ihre; ihr Teddy; ihre Puppe
die **Il|lust|rier|te [Il|lus|trier|te]**, die Illustrierten
im (in dem); im Haus
der **Im|biss**, die Imbisse
der **Im|ker**, die Imker; die Imkerin
im|mer; immerhin; immerzu; immer noch; immer wieder
imp|fen; die Impfung
im|po|nie|ren (Eindruck machen); das imponiert mir

im|stan|de [im Stande] sein
in; in der Schule
der **In|di|a|ner**, die Indianer; die Indianerin
der **In|di|sche O|ze|an**
die **In|dus|trie [In|dust|rie]**, die Industrien
in|ein|an|der [in|ei|nan|der]
die **In|fek|ti|on** (Ansteckung)
der **In|fi|ni|tiv** (Grundform des Verbs)
in|fol|ge; infolgedessen
die **In|for|ma|ti|on**, die Informationen; informieren
der **In|ge|ni|eur**, die Ingenieure; die Ingenieurin
der **In|ha|ber**, die Inhaber; die Inhaberin
der **In|halt**; das Inhaltsverzeichnis
der **In|line|ska|ter** [Inliner]

in|nen; innerhalb; innerlich
ins (in das); ins Haus gehen
das **In|sekt**, die Insekten
die **In|sel**, die Inseln
das **In|se|rat** (Anzeige), die Inserate
ins|ge|samt
der **Ins|pek|tor [In|spek|tor]**, die Inspektoren; die Inspektorin
der **Ins|tal|la|teur [In|stal|la|teur]**, die Installateure
in|stand [in Stand] setzen
der **Ins|tinkt [In|stinkt]**, die Instinkte

das **Ins|tru|ment [In|stru|ment]**, die Instrumente
in|tel|li|gent; die Intelligenz
der **In|ter|ci|ty|ex|press|zug** [ICE]
der **In|ter|ci|ty|zug** [IC]
in|te|res|sant [in|ter|es|sant]; interessieren; das Interesse, die Interessen
in|ter|na|ti|o|nal

das **In|ter|net**
das **In|ter|view**, die Interviews
der **In|va|li|de**, die Invaliden
in|zwi|schen
ir|gend; irgendein; irgendeiner; irgendetwas; irgendjemand; irgendwie
Ir|land; der Ire, die Iren, die Irin; irisch
ir|ren; irreführen; irrtümlich; der Irrtum, die Irrtümer
der **Is|lam** (Religion)
Is|land; der Isländer, die Isländer, die Isländerin; isländisch
Is|ra|el; der Israeli, die Israelis, die Israelin; israelisch
er **isst** → essen; er isst Kuchen
sie **ist** → sein; sie ist krank
I|ta|li|en; der Italiener, die Italiener, die Italienerin; italienisch

Ja bis Je

ja; jawohl

die **Jacht** [Yacht], die Jachten

die **Ja|cke**, die Jacken

ja|gen, er jagt; die Jagd

der **Jä|ger**, die Jäger

der **Ja|gu|ar**, die Jaguare

jäh; der Jähzorn; jähzornig

das **Jahr**, die Jahre; jährlich; das Jahrhundert

der **Jahr|markt**, die Jahrmärkte

die **Ja|lou|sie**, die Jalousien

der **Jam|mer**; jammern; jämmerlich

der **Ja|nu|ar**

Ja|pan; der Japaner, die Japaner, die Japanerin; japanisch

jä|ten; das Unkraut ist gejätet

die **Jau|che**; die Jauchegrube

jauch|zen, sie jauchzt

jau|len; der Hund jault

der **Jazz**; die Jazzmusik

je; seit eh und je; je Person

die **Jeans**

Je bis Jo

je|de, jeder, jedes; jederzeit; jedenfalls; jedesmal

je|doch

der **Jeep** (Geländewagen), die Jeeps

je|her; von jeher; seit jeher

je|mals

je|mand; jemanden

je|ne, jener, jenes

jen|seits; jenseits des Tales

Je|sus Chris|tus

der **Jet** (Düsenflugzeug), die Jets; der Jumbojet

jetzt; bis jetzt; von jetzt an

je|weils

der **Job** (Arbeitsplatz), die Jobs; jobben

das **Jod**

jo|deln; der Jodler; die Jodlerin

das [der] **Jo|ga** [Yoga]; die Jogaübung

jog|gen, sie joggt; das Jogging; der Jogger; die Joggerin

der [das] **Jo|gurt** [Joghurt], die Jogurts

die **Jo|han|nis|bee|re**, die Johannisbeeren

joh|len; das Gejohle

der **Jo|ker**, die Joker

der **Jour|na|list**, die Journalisten; die Journalistin

ju|beln; der Jubel; jubilieren

ju|cken; der Juckreiz

der **Ju|de**, die Juden; jüdisch

das **Ju|do** (Sportart); der Judogriff

die **Ju|gend**; der Jugendliche; die Jugendliche; jugendlich; die Jugendherberge

Ju|gos|la|wi|en [Ju|go|sla|wi|en]; der Jugoslawe, die Jugoslawen, die Jugoslawin; jugoslawisch

der **Ju|li**

jung, jünger, am jüngsten

das **Jun|ge**, die Jungen; die Katze hat Junge

der **Jun|ge**, die Jungen

der **Ju|ni**

der **Ju|rist**, die Juristen; die Juristin

die **Ju|ry**

das [der] **Ju|wel**, die Juwelen

der **Jux** (Spaß)

das **Ka|bel**, die Kabel

die **Ka|bi|ne**, die Kabinen

die **Ka|chel**, die Kacheln; kacheln

der **Kä|fer**, die Käfer

der **Kaf|fee**

der **Kä|fig**, die Käfige

kahl; kahle Bäume

der **Kahn**, die Kähne

der **Kai** (gemauertes Ufer), die Kais

der **Kai|ser**, die Kaiser; die Kaiserin; kaiserlich

der **Ka|jak**, die Kajaks

die **Ka|jü|te**, die Kajüten

der **Ka|kao**

der **Kak|tus**, die Kakteen

das **Kalb**, die Kälber

der **Ka|len|der**, die Kalender

der **Kalk**; kalkweiß; der Kalkstein

die **Ka|lo|rie**, die Kalorien

kalt, kälter, am kältesten; die Kälte; die Erkältung; sich erkälten

Ka

sie **kam** → kommen; sie kam spät
er **kä|me** → kommen; er sagte, er käme
das **Ka|mel**, die Kamele
die **Ka|me|ra**, die Kameras
der **Ka|me|rad**, die Kameraden; die Spielkameraden
die **Ka|mil|le**; der Kamillentee
der **Ka|min**, die Kamine
der **Kamm**, die Kämme; kämmen
die **Kam|mer**, die Kammern
der **Kampf**, die Kämpfe; kämpfen
der **Ka|nal**, die Kanäle
der **Ka|na|ri|en|vo|gel**, die Kanarienvögel
das **Kän|gu|ru**, die Kängurus
das **Ka|nin|chen**, die Kaninchen
der **Ka|nis|ter**, die Kanister
sie **kann** → können
die **Kan|ne**, die Kannen
der **Ka|non**, die Kanons
die **Kan|te**, die Kanten; kantig
die **Kan|ti|ne**, die Kantinen
das **Ka|nu**, die Kanus
die **Kan|zel**, die Kanzeln
der **Kanz|ler**, die Kanzler
die **Ka|pel|le**, die Kapellen
ka|pie|ren (begreifen)
der **Ka|pi|tän**, die Kapitäne
das **Ka|pi|tel**, die Kapitel
der **Ka|plan [Kap|lan]**, die Kapläne

die **Kap|pe**, die Kappen
die **Kap|sel**, die Kapseln
ka|putt; kaputtmachen; kaputtgehen
die **Ka|pu|ze**, die Kapuzen
das **Ka|ra|te**; der Karatekämpfer
die **Ka|ra|wa|ne**, die Karawanen
der **Kar|frei|tag** (Freitag vor Ostern)
karg; kärglich
ka|riert; das Karo
die **Ka|ri|es** (Zahnfäule)
der **Kar|ne|val** (Fasching)
das **Kar|ni|ckel**, die Karnickel
das **Ka|ro** (Viereck), die Karos
die **Ka|rot|te**, die Karotten
der **Karp|fen**, die Karpfen
die **Kar|re** [der Karren], die Karren
die **Kar|ri|e|re**, die Karrieren
die **Kar|te**, die Karten
die **Kar|tei**, die Karteien
die **Kar|tof|fel**, die Kartoffeln
der **Kar|ton**, die Kartons
das **Ka|rus|sell**, die Karussells
der **Kä|se**, die Käse
der **Kas|per**, die Kasper; der Kasperl; das Kasperle
die **Kas|se**, die Kassen; kassieren; der Kassierer; die Kassiererin
die **Kas|set|te**, die Kassetten; der Kassettenrekorder

die **Kas|ta|nie**, die Kastanien

der **Kas|ten**, die Kästen [Kasten]

der **Kat** [Katalysator], die Kats

der **Ka|ta|log**, die Kataloge

die **Ka|tas|tro|phe [Ka|ta|stro|phe]** (Unglück), die Katastrophen; katastrophal

der **Ka|ter**, die Kater

ka|tho|lisch [kath.]; der Katholik, die Katholiken; die Katholikin

die **Kat|ze**, die Katzen

kau|en; der [das] Kaugummi

kau|fen; der Käufer; die Käuferin; käuflich; der Kaufmann; die Kauffrau; die Kaufleute

die **Kaul|quap|pe**, die Kaulquappen

kaum; er konnte kaum atmen

der **Kauz**, die Käuze; das Käuzchen

keck (frech)

der **Ke|gel**, die Kegel; kegeln

die **Keh|le**, die Kehlen

keh|ren; die Straße kehren; jemandem den Rücken kehren

kei|fen, er keift

der **Keil**, die Keile; der Keilriemen

der **Keim**, die Keime; keimen

kein, keine, keiner, keins [keines], keinem, keinen; keinmal

der [das] **Keks**, die Keks [Kekse]

der **Kelch**, die Kelche

die **Kel|le**, die Kellen

der **Kel|ler**, die Keller

der **Kell|ner**, die Kellner; die Kellnerin

ken|nen, sie kennt, ich kannte, ich habe gekannt; bekannt; kennen lernen; die Kenntnis; das Kennzeichen

ken|tern; das Boot kentert

die **Ke|ra|mik**, die Keramiken

die **Ker|be**, die Kerben

der **Ker|ker**, die Kerker

der **Kerl**, die Kerle

der **Kern**, die Kerne; kerngesund

die **Ker|ze**; die Kerzen; kerzengerade

der **Ke|scher** [Käscher] (Fangnetz), die Kescher

der **Kes|sel**, die Kessel

das [der] **Ket|schup [Ketsch|up]** [Ketchup]

die **Ket|te**, die Ketten; anketten

keu|chen; der Keuchhusten

die **Keu|le**, die Keulen

das **Kfz** (Kraftfahrzeug); die Kfz-Werkstatt

ki|chern (lachen), sie kichert

das **Kick|board**, die Kickboards

ki|cken; er kickt den Ball

der **Kie|fer** (Knochen), die Kiefer

die **Kie|fer** (Nadelbaum), die Kiefern

Kiel
die **Kie|me**, die Kiemen
der **Kies**; die Kiesgrube
Ki|ew (Hauptstadt der Ukraine)
das **Ki|lo**, die Kilos; das Kilogramm [kg], zwei Kilogramm
der **Ki|lo|me|ter** [km], die Kilometer
das **Kind**, die Kinder; die Kindheit; der Kinderwagen; kindlich; der Kindergarten
das **Kinn**, die Kinne; der Kinnhaken
das **Ki|no**, die Kinos
der **Ki|osk**, die Kioske
kip|pen; umkippen
die **Kir|che**, die Kirchen
die **Kir|mes**
die **Kir|sche**, die Kirschen
Ki|schi|nau (Hauptstadt von Moldawien)
das **Kis|sen**, die Kissen
die **Kis|te**, die Kisten
der **Kitsch**; kitschig
das **Kitt|chen** (Gefängnis)
der **Kit|tel**, die Kittel
das **Kitz** (junges Reh), die Kitze
kit|zeln; kitzelig [kitzlig]
die **Klad|de**, die Kladden
kläf|fen; der Hund kläfft
die **Kla|ge**, die Klagen; klagen
die **Klam|mer**, die Klammern; klammern; einklammern
die **Kla|mot|ten**
der **Klang**, die Klänge; klangvoll
die **Klap|pe**, die Klappen; klappen; aufklappen; zuklappen; klapprig
klap|pern; die Klapper
der **Klaps**, die Klapse
klar; klären; erklären; die Kläranlage
die **Klas|se**, die Klassen; die Klassenlehrerin; das ist Klasse!
klat|schen, er klatscht
die **Klaue**, die Klauen
klau|en; geklaut
das **Kla|vier**, die Klaviere
kle|ben, sie klebt; klebrig; der Klebstoff
kle|ckern, er kleckert
der **Klecks**, die Kleckse; klecksen
der **Klee**; das Kleeblatt

das **Kleid**, die Kleider; die Kleidung; der Kleiderbügel
klein; kleinlich; die Kleinen; etwas Kleines; die Kleinigkeit
der **Kleis|ter** (Klebstoff)
klem|men; die Klemme; in der Klemme sitzen
der **Klemp|ner**, die Klempner

die **Klet|te**, die Kletten
klet|tern, ich klettere, sie klettert, ich kletterte, ich bin geklettert
das **Kli|ma**; klimatisiert; die Klimaanlage
der **Klimm|zug**, die Klimmzüge
klim|pern, er klimpert
die **Klin|ge**, die Klingen; die Rasierklinge
die **Klin|gel**, die Klingeln; klingeln
klin|gen; die Glocke klingt, sie klang, sie hat geklungen
die **Kli|nik**, die Kliniken
die **Klin|ke**, die Klinken; die Türklinke
die **Klip|pe**, die Klippen
klir|ren; die Scheibe klirrt
das **Klo**, die Klos; das Klosett
klö|nen (miteinander sprechen)
klop|fen, es klopft; anklopfen
der **Klops**, die Klöpse
der **Kloß**, die Klöße
das **Klos|ter**, die Klöster
der **Klotz**, die Klötze
der **Klub** [Club], die Klubs
klug, klüger, am klügsten; die Klugheit
der **Klum|pen**, die Klumpen
knab|bern, ich knabbere
der **Kna|be**, die Knaben
das **Knä|cke|brot**
kna|cken; die Knackwurst
knal|len; der Knall; knallrot

knapp; mit knapper Not
knar|ren; die Tür knarrt
knat|tern; das Mofa knattert
der [das] **Knäu|el**, die Knäuel
knau|sern (geizig sein); knauserig
der **Knecht**, die Knechte
knei|fen, sie kneift, ich kniff, ich habe gekniffen
kne|ten; das Knetgummi
kni|cken; der Knick, die Knicke
der **Knicks**, die Knickse; knicksen
das **Knie**, die Knie; knien, er kniet
der **Kniff** (Trick), die Kniffe
kniff|lig [kniffelig]; knifflige Fragen
knip|sen (fotografieren; lochen), er knipst; anknipsen; ausknipsen
der **Knirps** (Junge), die Knirpse
knir|schen, du knirschst
knis|tern, es knistert
knit|tern; knitterarmer Stoff
kno|beln; der Knobelbecher
der **Knob|lauch**
der **Knö|chel**, die Knöchel
der **Kno|chen**; die Knochen
der **Knö|del** (Kloß), die Knödel
die **Knol|le**, die Knollen
der **Knopf**, die Knöpfe; knöpfen
der **Knor|pel**, die Knorpel
die **Knos|pe**, die Knospen; knospig

der **Kno|ten**, die Knoten
knül|len; verknüllt
knüp|fen; verknüpfen
der **Knüp|pel**, die Knüppel
knur|ren; der Hund knurrt
knus|pern; knuspriges Brot
k. o. (bewusstlos) schlagen; k. o. sein
ko|chen; der Koch; die Köche; die Köchin; der Kochtopf; kochend heiß
der **Kö|der**, die Köder
der **Kof|fer**, die Koffer
der **Kohl**; der Kohlrabi
die **Koh|le**, die Kohlen
die **Ko|kos|nuss**, die Kokusnüsse
der **Kol|ben**, die Kolben; die Kolbenhirse
der **Kol|le|ge**, die Kollegen; die Kollegin
Köln
kom|bi|nie|ren; sie kombiniert
der **Ko|met**, die Kometen

kom|for|ta|bel; der Komfort
ko|misch; der Komiker

das **Kom|ma**, die Kommas [Kommata]
kom|man|die|ren; das Kommando
kom|men, er kommt, ich kam, ich bin gekommen
der **Kom|mis|sar**, die Kommissare; die Kommissarin
die **Kom|mo|de**, die Kommoden
die **Kom|mu|ni|on** (Abendmahl)
die **Ko|mö|die** (lustiger Film oder Theaterstück), die Komödien
der **Kom|pass**, die Kompasse

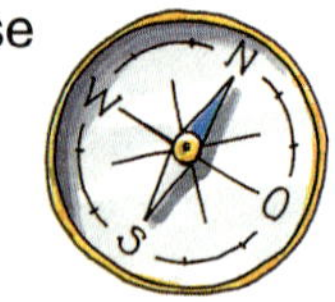

kom|plett (vollständig)
das **Kom|pli|ment**, die Komplimente
kom|pli|ziert (schwierig)
der **Kom|po|nist**, die Komponisten; die Komponistin; komponieren
der **Kom|post**; der Komposthaufen
das **Kom|pott**, die Kompotte
der **Kom|pro|miss**, die Kompromisse
die **Kon|dens|milch**
die **Kon|di|ti|on**
der **Kon|di|tor**, die Konditoren; die Konditorin; die Konditorei
der [das] **Kon|dom** (Verhütungsmittel), die Kondome
die **Kon|fe|renz**, die Konferenzen
die **Kon|fes|si|on** (religiöse Glaubensrichtung), die Konfessionen

das **Kon|fet|ti**

die **Kon|fir|ma|ti|on**; der Konfirmand; die Konfirmandin

die **Kon|fi|tü|re** (Marmelade)

der **Kon|flikt** (Streit), die Konflikte

der **Kö|nig**, die Könige; die Königin; königlich

die **Kon|kur|renz** (Wettbewerb); der Konkurrent; die Konkurrentin; konkurrieren

kön|nen, er kann, ich konnte, ich habe gekonnt

die **Kon|ser|ve**, die Konserven

der **Kon|so|nant** (Mitlaut), die Konsonanten

kons|tru|ie|ren [kon|stru|ie|ren] (entwerfen, bauen); die Konstruktion

der **Kon|sum** (Verbrauch); konsumieren

der **Kon|takt**, die Kontakte; die Kontaktlinsen

der **Kon|ti|nent**, die Kontinente

das **Kon|to** (bei der Bank), die Konten

kon|tra [contra] (gegen)

die **Kon|trol|le**, die Kontrollen; kontrollieren

sich **kon|zen|trie|ren**; die Konzentration

das **Kon|zert**, die Konzerte

Ko|pen|ha|gen (Hauptstadt von Dänemark)

der **Kopf**, die Köpfe; kopfüber

ko|pie|ren (vervielfältigen); die Kopie, die Kopien

der **Ko|ran** (heiliges Buch des Islam)

der **Korb**, die Körbe

die **Kor|del**, die Kordeln

der **Kor|ken**, die Korken; entkorken

das **Korn**, die Körner; die Kornblume

der **Kör|per**, die Körper

kor|rekt (richtig); die Korrektur (Berichtigung)

der **Kor|ri|dor** (Flur), die Korridore

kor|ri|gie|ren (berichtigen)

die **Kos|me|tik**; die Kosmetikerin

der **Kos|mos** (Weltall); kosmisch; der Kosmonaut

die **Kost** (Nahrung); köstlich; kosten (schmecken)

kos|ten; es kostet drei Euro; die Kosten; kostenlos; kostbar

das **Kos|tüm**, die Kostüme

das **Ko|te|lett**, die Koteletts [Kotelette]

der **Kö|ter**, die Köter

der **Kot|flü|gel**, die Kotflügel

kot|zen (erbrechen), er kotzt

die **Krab|be** (Krebs), die Krabben

krab|beln; das Kind krabbelt

der **Krach**; krachen; verkrachen

kräch|zen, er krächzt; krächzend

die **Kraft**, die Kräfte; kräftig
der **Kra|gen**, die Kragen [Krägen]
die **Krä|he**, die Krähen
krä|hen; der Hahn kräht
die **Kral|le**, die Krallen; krallen
der **Kram**; kramen
der **Krampf,** die Krämpfe;
krampfhaft; verkrampfen
der **Kran**, die Kräne
der **Kra|nich**, die Kraniche
krank; erkranken;
der Kranke; die Kranke;
das Krankenhaus; die Krankheit
krän|ken; gekränkt sein
der **Kranz**, die Kränze
krass, krasser, am krassesten
der **Kra|ter**, die Krater
krat|zen, sie kratzt
krau|len [crawlen]
kraus; kräuseln
das **Kraut**, die Kräuter; das Unkraut
der **Kra|wall**, die Krawalle
die **Kra|wat|te**, die Krawatten
kra|xeln (klettern)
kre|a|tiv; die Kreativität
der **Krebs**, die Krebse
der **Kre|dit**;
einen Kredit aufnehmen
(sich Geld leihen)

Kr

die **Krei|de**; kreidebleich
der **Kreis**, die Kreise;
kreisrund; kreisen; einkreisen;
der Kreisel
krei|schen, sie kreischt
die **Krem** [Kreme, Creme], die Krems;
kremen; sie kremt sich ein
das **Krepp|pa|pier**
das **Kreuz**, die Kreuze; kreuzen;
kreuz und quer
die **Kreuz|ot|ter**, die Kreuzottern
die **Kreu|zung**, die Kreuzungen
krib|beln, es kribbelt
krie|chen, er kriecht, ich kroch,
ich bin gekrochen
der **Krieg**, die Kriege;
kriegerisch
krie|gen, sie kriegt, ich kriegte
der **Kri|mi**, die Krimis; kriminell
der **Krin|gel**, die Kringel
die **Krip|pe**, die Krippen
die **Kri|se**, die Krisen
der **Kris|tall**, die Kristalle
die **Kri|tik**, die Kritiken;
kritisch; kritisieren
krit|zeln; die Kritzelei
Kro|a|ti|en;
der Kroate, die Kroaten,
die Kroatin; kroatisch

das **Kro|ko|dil**, die Krokodile
der **Kro|kus**, die Krokusse
die **Kro|ne**, die Kronen
die **Krö|te**, die Kröten
die **Krü|cke**, die Krücken
der **Krug**, die Krüge
der **Krü|mel**, die Krümel; krümeln
krumm; die Krümmung
der **Krüp|pel**, die Krüppel; verkrüppelt
die **Krus|te**, die Krusten; verkrustet
das **Kru|zi|fix**, die Kruzifixe
der **Kü|bel** (Gefäß), die Kübel
die **Kü|che**, die Küchen
der **Ku|chen**, die Kuchen
der **Ku|ckuck**, die Kuckucke
die **Ku|fe** (am Schlitten), die Kufen
die **Ku|gel**, die Kugeln; kuglig [kugelig]; der Kugelschreiber
die **Kuh**, die Kühe
kühl; kühlen; die Kühle; der Kühler; der Kühlschrank
die **Kuh|le** (Grube), die Kuhlen
kühn; die Kühnheit
das **Kü|ken**, die Küken
der **Ku|li** (Kugelschreiber), die Kulis
kul|lern (rollen)
die **Kul|tur**, die Kulturen; kulturell
der **Küm|mel** (Gewürz)
der **Kum|mer**; sich kümmern
der **Kun|de** (Käufer), die Kunden; die Kundin; die Kundschaft
die **Kun|de** (Nachricht); kundig
kün|di|gen; die Kündigung
künf|tig (in Zukunft)
die **Kunst**, die Künste; künstlich; der Künstler; die Künstlerin; der Kunststoff; das Kunststück
kun|ter|bunt
das **Kup|fer**; kupfern
die **Kup|pel**, die Kuppeln
die **Kupp|lung**; kuppeln
die **Kur**, die Kuren; der Kurgast
die **Kur|bel**, die Kurbeln; kurbeln
der **Kür|bis**, die Kürbisse
der **Kurs**, die Kurse; der Kursus
die **Kur|ve**, die Kurven; kurvig
kurz, kürzer, am kürzesten; die Kürze; in Kürze; kürzlich
ku|scheln; das Kuscheltier
die **Ku|si|ne** [Cousine], die Kusinen
der **Kuss**, die Küsse; küssen
die **Küs|te**, die Küsten
der **Küs|ter** (Kirchendiener), die Küster; die Küsterin
die **Kut|sche**, die Kutschen
der **Kut|ter**, die Kutter; der Fischkutter
das **Ku|vert** (Briefumschlag), die Kuverts

das **La|bor**, die Labors [Labore]
das **La|by|rinth** (Irrgarten), die Labyrinthe
la|chen, sie lacht; lachhaft;
das Lachen; lächeln; lächerlich
der **Lachs**, die Lachse
der **Lack**, die Lacke; lackieren;
die Lackierung
der **La|den**, die Läden [Laden]
la|den, er lädt, ich lud,
ich habe geladen; die Ladung
die **La|ge**; in der Lage sein
das **La|ger**, die Lager; lagern
lahm; lähmen; die Lähmung
der **Laib**, die Laibe; ein Laib Brot
Lai|bach (Hauptstadt von Slowenien)
der **Laich** (Eier von Wassertieren);
der Froschlaich; laichen
der **Laie** (Nichtfachmann), die Laien
das **La|ken** (Betttuch), die Laken
die **La|krit|ze [Lak|rit|ze]**;
der [das] Lakritz
lal|len, er lallt

La

das **La|ma** (Kamelart), die Lamas
das **La|met|ta** (Glitzerfäden)
das **Lamm**, die Lämmer; das Lämmchen
die **Lam|pe**, die Lampen
der [das] **Lam|pi|on**, die Lampions
das **Land**, die Länder; ländlich;
die Landschaft; die Landstraße;
die Landkarte; die Landwirtschaft
lan|den; die Landung
lang, länger, am längsten; lange;
länglich; die Länge; verlängern
die **Lan|ge|wei|le**; langweilig
lang|sam; die Langsamkeit
längst; seit langem
der **Lap|pen**, die Lappen
die **Lär|che** (Baum), die Lärchen
der **Lärm**; lärmen; der Lärmschutz
die **Lar|ve** (Raupe), die Larven
er **las** → lesen
die **La|sche**, die Laschen
der **La|ser** (Lichtstrahl); der Laserdrucker
las|sen, er lässt, ich ließ,
ich habe gelassen; lass los!
läs|sig
das [der] **Las|so**, die Lassos
die **Last**, die Lasten
der **Las|ter** (Lastwagen), die Laster
das **Las|ter** (Untugend), die Laster
läs|tern, er lästert

läs|tig; belästigen
der **Last|wa|gen**, die Lastwagen
das **La|tein**; lateinisch
die **La|ter|ne**, die Laternen
die **Lat|schen**; latschen, er latscht
die **Lat|te**, die Latten
der **Latz**; die Latzhose; das Lätzchen
lau; lauwarmes Wasser
das **Laub**; der Laubbaum
die **Lau|be**, die Lauben
der **Lauch** (Zwiebelpflanze)
lau|ern; ich lauere dir auf; auf der Lauer sein
lau|fen, er läuft, ich lief, ich bin gelaufen; der Lauf; der Läufer; die Läuferin
die **Lau|ge**, die Laugen
die **Lau|ne**; sie ist guter Laune; launisch
die **Laus**, die Läuse
lau|schen, er lauscht; belauschen

laut; der Laut, die Laute; der Lautsprecher
läu|ten, es läutet; das Geläut [Geläute]
lau|ter (nur); lauter Steine
die **La|va**; der Lavastrom
die **La|wi|ne**, die Lawinen
lax (nachlässig)

le|ben, er lebt; das Leben; lebendig; lebensgefährlich; lebhaft; leblos; die Lebensmittel
die **Le|ber**; die Leberwurst; der Leberfleck
der **Leb|ku|chen**, die Lebkuchen
lech|zen; sie lechzt nach Wasser
leck; ein leckes Schiff; das Leck
le|cken, er leckt
le|cker; der Leckerbissen
das **Le|der**; die Lederjacke
le|dig (unverheiratet)
le|dig|lich
leer; die Leere; leeren; der Leerlauf
die **Le|gas|the|nie** (Lese- und Rechtschreibschwäche)
le|gen, er legt, ich habe gelegt
die **Le|gen|de** (überlieferte Geschichte), die Legenden
die **Le|gen|de** (Symbolerklärung auf Landkarten), die Legenden
der **Lehm**; der Lehmboden; lehmig
die **Leh|ne**, die Lehnen; lehnen
der **Leh|rer**, die Lehrer; die Lehrerin, die Lehrerinnen; lehren; der Lehrling; die Lehre
der **Leib** (Körper), die Leiber
die **Lei|che**, die Leichen; der Leichnam; leichenblass

leicht; die Leichtigkeit;
der Leichtsinn; leichtsinnig

die **Leicht|ath|le|tik**

lei|den, er leidet, ich litt,
ich habe gelitten; zu Leide
[zuleide] tun; das Leid [Leiden];
das Mitleid; es tut mir Leid

die **Lei|den|schaft**; leidenschaftlich

lei|der

lei|hen; sie leiht mir das Buch;
ich lieh, ich habe geliehen;
die Leihbücherei

der **Leim**; leimen

die **Lei|ne**, die Leinen; anleinen

das **Lei|nen** (Stoff)

der **Lein|sa|men**, die Leinsamen

die **Lein|wand** (im Kino)

Leip|zig

lei|se, leiser, am leisesten

die **Leis|te**, die Leisten

leis|ten; die Leistung

lei|ten; der Leiter; die Leiterin

die **Lei|ter**, die Leitern

die **Lei|tung**, die Leitungen

die **Lek|ti|on** (Übung), die Lektionen

die **Lek|tü|re** (Lesetext), die Lektüren

len|ken; der Lenker;
die Lenkung; das Lenkrad

der **Lenz** (Frühling)

der **Le|o|pard**, die Leoparden

die **Ler|che** (Vogel), die Lerchen

ler|nen; beim Lernen;
Englisch lernen; laufen lernen

le|sen, er liest, ich las, du lasest,
ich habe gelesen; das Lesebuch;
der Leser; die Leserin, lesenswert

Lett|land; der Lette, die Letten,
die Lettin; lettisch

letz|te; das letzte Brot; ein letzter
Blick; der [die, das] Letzte;
als Letzter kommen; zuletzt; letztens

leuch|ten; der Leuchter;
der Leuchtturm; leuchtend

leug|nen; verleugnen

die **Leu|te** (Mehrzahl)

das **Le|xi|kon**, die Lexika
[Lexiken]

die **Li|bel|le**, die Libellen

das **Licht**, die Lichter; licht (hell);
lichterloh; die Lichtung

das **Lid** (Augendeckel), die Lider

lie|ben, sie liebt; lieb haben;
die Liebe; der Liebling;
lieb, lieber, am liebsten;
liebevoll; lieblich

Liech|ten|stein

das **Lied**, die Lieder

lie|der|lich (unordentlich)

er **lief** → laufen

lie|fern; die Lieferung

lie|gen, er liegt, ich lag, ich habe gelegen; liegen lassen → lassen; die Liege; der Liegestuhl

er **liest** → lesen

der **Lift**, die Lifte [Lifts]

die **Li|ga** (Vereinigung), die Ligen; die Bundesliga

li|la; ein lila Kleid

die **Li|lie**, die Lilien

die **Li|mo|na|de**, die Limonaden

die **Lin|de**, die Linden

lin|dern; die Linderung

das **Li|ne|al**, die Lineale

die **Li|nie**, die Linien; liniert [liniiert]

links; linksherum; der linke Fuß; linkshändig; der Linkshänder; die Linkshänderin

das **Li|no|le|um [Lin|o|le|um]** (Bodenbelag)

die **Lin|se**, die Linsen

die **Lip|pe**, die Lippen

lis|peln, er lispelt

Lis|sa|bon (Hauptstadt von Portugal)

die **List**, die Listen; listig; hinterlistig; mit List und Tücke

die **Lis|te**, die Listen

Li|tau|en; litauisch

der [das] **Li|ter**, die Liter; ein viertel Liter; literweise

die **Li|te|ra|tur**

die **Lit|faß|säu|le**, die Litfaßsäulen

die **Live|sen|dung** (Direktsendung)

der **Lkw** [LKW] (Lastkraftwagen), die Lkws

das **Lob**; loben; lobenswert

das **Loch**, die Löcher; lochen; löcherig [löchrig]

die **Lo|cke**, die Locken; lockig; das Löckchen

lo|cken; der Lockruf; verlockend

lo|cker; lockern

der **Lo|den** (Stoff); der Lodenmantel

lo|dern; die Flamme lodert

der **Löf|fel**, die Löffel; löffeln; auslöffeln; löffelweise

die **Lo|ge** (im Theater), die Logen

lo|gisch; die Logik

der **Lohn**, die Löhne; sich lohnen; belohnen; die Belohnung

die **Loi|pe** (Langlaufbahn), die Loipen

die **Lok**, die Loks; die Lokomotive; der Lokführer; die Lokführerin

das **Lo|kal**, die Lokale

der **Lol|li**, die Lollis

Lon|don (Hauptstadt von Großbritannien)

A B C D E F G H I J K L M N O P Qu R S T U V W X Y Z

Lo bis Lu

der **Lor|beer**; das Lorbeerblatt

los; was ist los?

das **Los**, die Lose; der Losverkäufer; die Losverkäuferin; verlosen; die Verlosung

los|bin|den → binden

lö|schen, er löscht; verlöschen; das Löschblatt

lo|se; die Schraube ist lose

lö|sen; eine Fahrkarte lösen; ein Rätsel lösen; die Lösung

los|fah|ren → fahren

los|ge|hen → gehen

los|las|sen → lassen

los|lau|fen → laufen

los|ma|chen → machen

los|rei|ßen → reißen

los|wer|den → werden

das **Lot** (Senkblei), die Lote

lö|ten; der Lötkolben

die **Lo|ti|on**, die Lotionen

der **Lot|se**, die Lotsen; lotsen

die **Lot|te|rie**, die Lotterien; das Lotto; der Lottogewinn

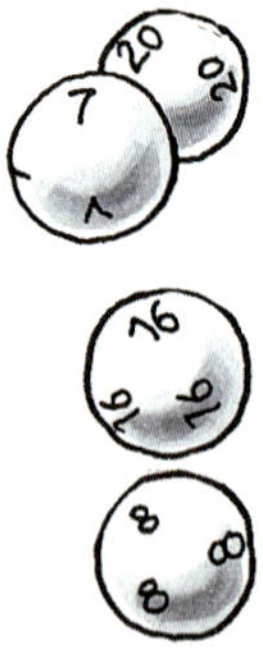

der **Lö|we**, die Löwen

der **Lö|wen|zahn**

der **Luchs** (Raubtier), die Luchse

die **Lü|cke**, die Lücken; lückenhaft; lückenlos; der Lückenbüßer

Lu bis Ly

die **Luft**, die Lüfte; der Luftballon; die Luftverschmutzung; luftig; die Luftpumpe; luftdicht

lüf|ten; die Lüftung

lü|gen, sie lügt, ich log, ich habe gelogen; belügen; die Lüge; der Lügner; die Lügnerin

die **Lu|ke** (Öffnung), die Luken; die Dachluke; die Kellerluke

der **Lüm|mel**, die Lümmel; sich lümmeln

der **Lump** (schlechter Mensch), die Lumpen; lumpig (gemein); sich nicht lumpen lassen

der **Lum|pen** (Fetzen), die Lumpen; zerlumpt

der **Lunch** (kleines Mittagessen); das Lunchpaket

die **Lun|ge**, die Lungen; die Lungenentzündung

lun|gern; er lungert herum

die **Lu|pe**, die Lupen; lupenrein

der **Lurch**, die Lurche

die **Lust**, die Lüste; lustlos; lustig

lut|schen, sie lutscht; der Lutscher

Lu|xem|burg; der Luxemburger

der **Lu|xus**; luxuriös

die **Ly|rik** (Dichtung in Versen); lyrisch

Ma

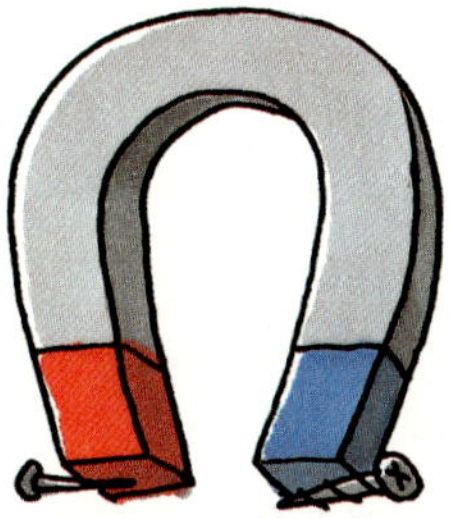

ma|chen, sie macht; einmachen; aufmachen; zumachen
die **Macht**, die Mächte; mächtig
das **Mäd|chen**, die Mädchen
die **Ma|de**, die Maden
die **Ma|don|na**, die Madonnen
Ma|drid [Mad|rid] (Hauptstadt von Spanien)
sie **mag** → mögen
die **Magd**, die Mägde
Mag|de|burg
der **Ma|gen**, die Mägen [Magen]
ma|ger; die Magermilch
der **Ma|gi|er**, die Magier; magisch
der **Ma|gnet [Mag|net]**, die Magnete [Magneten]; magnetisch
mä|hen, er mäht; die Mähmaschine
das **Mahl** (Festessen); die Mahlzeit
mah|len; gemahlener Kaffee
die **Mäh|ne**, die Mähnen
mah|nen; ermahnen; die Mahnung
der **Mai**; der Maikäfer; das Maiglöckchen
der **Main** (Fluss)
Mainz
der **Mais**; der Maiskolben
die **Ma|jes|tät**; majestätisch
die **Ma|jo|nä|se**, die Majonäsen
Ma|ke|do|ni|en [Mazedonien]; der Makedonier, die Makedonier, die Makedonierin; makedonisch
das **Make-up** (Schminke)
die **Mak|ka|ro|ni** (Nudeln)
der **Mak|ler** (Vermittler), die Makler; die Maklerin
mal; einmal, zweimal; keinmal; das erste Mal; ein paar Male
ma|len; der Maler; die Malerei
mal|neh|men (multiplizieren)
Mal|ta; der Malteser, die Malteser, die Malteserin; maltesisch
das **Malz**; das Malzbonbon
die **Ma|ma**, die Mamas; Mami
das **Mam|mut**, die Mammuts
man
manch, manche, mancher, manches; manch einer
manch|mal
die **Man|da|ri|ne**, die Mandarinen
die **Man|del**, die Mandeln
die **Ma|ne|ge**, die Manegen; die Zirkusmanege

der **Man|gel** (Fehler), die Mängel; mangelhaft

die **Man|gel** (zum Glätten von Wäsche), die Mangeln; mangeln

die **Ma|nie|ren** (Umgangsformen)

der **Mann**, die Männer; männlich; die Mannschaft

der **Man|tel**, die Mäntel

die **Map|pe**, die Mappen

das **Mär|chen**, die Märchen

der **Mar|der**, die Marder

die **Mar|ga|ri|ne**

die **Mar|ge|ri|te**, die Margeriten

der **Ma|ri|en|kä|fer**, die Marienkäfer

die **Ma|ri|ne**; marineblau

die **Ma|ri|o|net|te**, die Marionetten; das Marionettentheater

das **Mark**; das Knochenmark

die **Mark** (Geld)

die **Mar|ke**, die Marken; die Briefmarke

der **Markt**, die Märkte

die **Mar|me|la|de**, die Marmeladen

mar|schie|ren; der Marsch, die Märsche

der **März**

das **Mar|zi|pan**

die **Ma|sche**, die Maschen

die **Ma|schi|ne**, die Maschinen

die **Ma|sern** (Mehrzahl; Krankheit)

die **Mas|ke**, die Masken; maskieren

das **Mas|kott|chen**, die Maskottchen

das **Maß**, die Maße; der Maßstab; **mä|ßig**; gleichmäßig

die **Mas|se**, die Massen; massenhaft

mas|sie|ren; die Massage

mas|siv

der **Mast**, die Masten

das **Match**, die Matchs [Matche]

das **Ma|te|ri|al**, die Materialien

die **Ma|the|ma|tik**; mathematisch

die **Ma|trat|ze [Mat|rat|ze]**, die Matratzen

der **Ma|tro|se [Mat|ro|se]**, die Matrosen

der **Matsch**; matschig

matt; die Mattscheibe

die **Mat|te**, die Matten

die **Mau|er**, die Mauern; mauern

das **Maul**, die Mäuler; maulen

der **Maul|wurf**, die Maulwürfe

der **Mau|rer**, die Maurer

die **Maus**, die Mäuse; mäuschenstill

ma|xi|mal (höchstens)

der **Me|cha|ni|ker**, die Mechaniker; die Mechanikerin; mechanisch

me|ckern, ich meckere

Meck|len|burg-Vor|pom|mern

die **Me|dail|le**, die Medaillen

die **Me|di|en**
das **Me|di|ka|ment**, die Medikamente
die **Me|di|zin**; medizinisch
das **Meer**, die Meere
der **Meer|ret|tich**
das **Meer|schwein|chen**
das **Mehl**; mehlig
mehr; mehrere; mehrmals; die Mehrheit; die Mehrzahl
mei|den, er meidet, ich mied, ich habe gemieden
die **Mei|le**, die Meilen; meilenweit
mein; meine; meiner; meinetwegen
mei|nen; die Meinung
die **Mei|se**, die Meisen
der **Mei|ßel**, die Meißel; meißeln
meist; meistens; am meisten; das meiste; die meisten
der **Meis|ter**, die Meister; die Meisterin; die Meisterschaft
mel|den; die Meldung
mel|ken, ich habe gemolken [gemelkt]; die Molkerei

die **Me|lo|die**, die Melodien
die **Me|lo|ne**, die Melonen
das **Me|mo|ry**
die **Men|ge**, die Mengen
der **Mensch**, die Menschen; menschlich
das **Me|nü** (Speisenfolge), die Menüs
mer|ken, ich habe gemerkt
merk|wür|dig; das Merkmal
die **Mes|se**, die Messen
mes|sen, er misst, ich maß, ich habe gemessen
das **Mes|ser**, die Messer
das **Mes|sing** (Metall)
das **Me|tall**, die Metalle; metallisch
der **Me|te|or** (Feuerkugel), die Meteore
der [das] **Me|ter** [m], die Meter; das Metermaß
die **Me|tho|de**, die Methoden
der **Metz|ger**, die Metzger; die Metzgerei
meu|tern (sich beschweren), sie meutert; die Meuterei
mi|au|en; die Katze miaut
mich; der Hund beißt mich
die **Mi|cky|maus**
der **Mief** (Gestank); miefig
die **Mie|ne** (Gesichtsausdruck), die Mienen; eine Miene ziehen
mies (schlecht)

A B C D E F G H I J K L M N O P Qu R S T U V W X Y Z

die **Mie|te**, die Mieten; der Mieter; die Mieterin; mieten; vermieten

das **Mi|kro|fon [Mik|ro|fon]** [Mikrophon], die Mikrofone

das **Mi|kro|skop [Mik|ros|kop]**, die Mikroskope

die **Milch**; die Milchflasche

mild [milde]; die Milde

das **Mi|li|tär**; militärisch

die **Mil|li|ar|de** (1000 Millionen), die Milliarden

das **Mil|li|gramm** [mg], die Milligramm

der [das] **Mil|li|me|ter** [mm], die Millimeter

die **Mil|li|on**, die Millionen; der Millionär

min|des|tens

die **Mi|ne** (im Bleistift), die Minen

das **Mi|ne|ral**, die Mineralien

das **Mi|ni|golf**

der **Mi|nis|ter**, die Minister; die Ministerin

Minsk (Hauptstadt von Weißrussland)

mi|nus (weniger)

die **Mi|nu|te**, die Minuten

mir; er hilft mir

mi|schen, sie mischt; die Mischung

mi|se|ra|bel (schlecht)

miss|ach|ten → achten; die Missachtung

miss|brau|chen → brauchen; der Missbrauch

der **Miss|er|folg**

miss|han|deln → handeln; die Misshandlung

miss|mu|tig (schlecht gelaunt)

sie **misst** → messen

das **Miss|trau|en**; misstrauisch

das **Miss|ver|ständ|nis**; missverstehen

der **Mist**; der Misthaufen

mit; ich spiele mit ihm

der **Mit|ar|bei|ter**, die Mitarbeiter; die Mitarbeiterin; mitarbeiten

mit|brin|gen → bringen

mit|ein|an|der [mit|ei|nan|der]; miteinander spielen

mit|fah|ren → fahren

mit|ge|hen → gehen

das **Mit|glied**, die Mitglieder

mit|kom|men → kommen

der **Mit|laut**, die Mitlaute

das **Mit|leid**; mitleidig

der **Mit|mensch**, die Mitmenschen

mit|neh|men → nehmen

der **Mit|schü|ler**, die Mitschüler; die Mitschülerin

der **Mit|tag**; mittags; heute Mittag; am Mittag; das Mittagessen

die **Mit|te**; in der Mitte; mittendurch

mit|tei|len; die Mitteilung

das **Mit|tel**, die Mittel

das **Mit|tel|al|ter**; mittelalterlich

das **Mit|tel|meer**

der **Mit|tel|punkt**, die Mittelpunkte

die **Mit|ter|nacht**; um Mitternacht

der **Mitt|woch**; mittwochs; Mittwochmorgen

mi|xen; der Mixer

die **Mö|bel** (Mehrzahl)

er **möch|te** → mögen

die **Mo|de**; modern; modisch

das **Mo|dell**, die Modelle

das **Mo|fa**, die Mofas

mo|geln; die Mogelei

mö|gen, ich mag, du magst, er mag, wir mögen, ihr mögt, sie mögen; ich möchte, du möchtest, er möchte, wir möchten, ihr möchtet, sie möchten

mög|lich; möglichst; die Möglichkeit

der **Mohn**; die Mohnblume

die **Möh|re**, die Möhren; die Mohrrübe

Mol|da|wi|en

die **Mol|ke|rei**, die Molkereien

mol|lig; mollig warm

der **Mo|ment**, die Momente

der **Mo|nat**, die Monate; monatlich; die Monatskarte

der **Mönch**, die Mönche

der **Mond**; der Mondschein; mondhell; mondsüchtig

die **Mo|ne|ten** (Geld)

der **Mo|ni|tor**, die Monitore

das **Mons|ter**, die Monster

der **Mon|tag**; montags; Montagabend

die **Mon|ta|ge**, die Montagen; montieren; der Monteur

das **Moor**, die Moore; moorig

das **Moos**, die Moose; moosig; bemoost

das **Mo|ped**, die Mopeds

die **Mo|ral**; moralisch

der **Mo|rast**

der **Mord**, die Morde; morden; der Mörder; die Mörderin

der **Mor|gen**; am Morgen; heute Morgen; eines Morgens; jeden Morgen

mor|gen (am folgenden Tag); morgen früh; bis morgen; morgen Mittag; morgens (in der Früh)

morsch; das Holz ist morsch

mor|sen; das Morsezeichen

der **Mör|tel** (zum Bauen)

die **Mo|schee** (islamisches Bethaus), die Moscheen

das **Mo|sa|ik** (Bild aus bunten Steinchen), die Mosaiks

Mo bis Mu

die **Mo|sel** (Fluss)
Mos|kau (Hauptstadt von Russland)
der **Most**; mosten; die Mosterei
das **Mo|tiv**, die Motive
der **Mo|tor**, die Motoren
das **Mo|tor|rad**, die Motorräder
die **Mot|te**, die Motten
das **Mot|to**, die Mottos
das **Moun|tain|bike**, die Mountainbikes

die **Mö|we**, die Möwen
die **Mü|cke**, die Mücken
mucks|mäus|chen|still
mü|de; ermüden; die Müdigkeit
die **Mü|he**, die Mühen; mühsam
die **Müh|le**, die Mühlen
der **Müll**; der Mülleimer; das Müllauto; die Mülldeponie; die Müllhalde
die **Mull|bin|de** (Verband)
der **Mül|ler**, die Müller
mul|ti|pli|zie|ren (malnehmen); die Multiplikation
der **Mumps**
Mün|chen

Mu

der **Mund**, die Münder; mündlich; die Mundharmonika
mün|den; die Mündung
mun|ter; die Munterkeit
die **Mün|ze**, die Münzen
mür|be
die **Mur|mel**, die Murmeln
mur|meln; das Gemurmel
das **Mur|mel|tier**, die Murmeltiere
mur|ren; mürrisch
das [der] **Mus**; das Apfelmus
die **Mu|schel**, die Muscheln
das **Mu|se|um**, die Museen
die **Mu|sik**; das Musikinstrument; musikalisch; musizieren
der **Mus|kel**, die Muskeln; muskulös
das **Müs|li**
die **Mu|ße** (freie Zeit); müßig
müs|sen, er muss, ich musste, ich habe gemusst
das **Mus|ter**, die Muster; gemustert
der **Mut**; mutig; mutwillig; übermütig
die **Mut|ter**, die Mütter; Mutti; mütterlich
die **Mut|ter** (Schraubenteil), die Muttern
die **Müt|ze**, die Mützen

Na

die **Na|be** (Mittelteil des Rades), die Naben

der **Na|bel**, die Nabel

nach; nach und nach

nach|ah|men; er ahmt ihn nach

der **Nach|bar**, die Nachbarn; die Nachbarin; die Nachbarschaft

nach|dem; nachdem er fort war, …

nach|den|ken → denken; nachdenklich

nach|ein|an|der [nach|ei|nan|der]

die **Nach|er|zäh|lung**

der **Nach|fol|ger**, die Nachfolger

nach|ge|ben → geben; nachgiebig

der **Nach|ge|schmack**

der **Nach|hau|se|weg**

nach|her (später)

die **Nach|hil|fe**; die Nachhilfestunde

der **Nach|kom|me**, die Nachkommen

nach|läs|sig; die Nachlässigkeit

der **Nach|mit|tag**; am Nachmittag; nachmittags

der **Nach|na|me**, die Nachnamen

die **Nach|richt**, die Nachrichten

nach|schla|gen → schlagen

die **Nach|schrift**, die Nachschriften

der **Nach|schub**

nach|se|hen → sehen

die **Nach|spei|se**, die Nachspeisen

nächst, nächste, nächster; nächste Woche; am nächsten; der Nächste

die **Nacht**, die Nächte; nachts; nächtlich; nächtelang

der **Nach|teil**, die Nachteile; nachteilig

die **Nach|ti|gall**, die Nachtigallen

der **Nach|tisch** (Nachspeise)

nach|tra|gend; nachträglich

nach|wei|sen → weisen; der Nachweis; nachweislich

der **Nach|wuchs**

der **Na|cken**, die Nacken

nackt [nackend]

die **Na|del**, die Nadeln; der Nadelbaum; nadeln

der **Na|gel**, die Nägel; nageln; der Fingernagel; die Nagelfeile

na|gen, er nagt; das Nagetier

nah [nahe], näher, am nächsten; die Nähe; sich nähern; von nah und fern; nahe liegend

Na bis Ne

Ne

nä|hen, sie näht;
die Nähmaschine; die Nähnadel
er **nahm** → nehmen
die **Nah|rung**; das Nahrungsmittel;
nahrhaft; ernähren
die **Naht**, die Nähte; nahtlos
na|iv (leichtgläubig, unbefangen)
der **Na|me**, die Namen
näm|lich
der **Napf** (Schüssel), die Näpfe;
der Speisenapf; der Napfkuchen
die **Nar|be**, die Narben
die **Nar|ko|se** (Betäubung)
der **Narr**, die Narren; närrisch
die **Nar|zis|se**, die Narzissen
na|schen, er nascht; die Naschkatze
die **Na|se**, die Nasen; das Näschen;
das Nasenbluten; das Nashorn
nass, nasser [nässer],
am nassesten [nässesten];
das nasse Kleid; die Nässe
die **Na|ti|on**, die Nationen;
die Nationalmannschaft;
national; international
die **Na|tur**; der Naturschutz;
natürlich; naturgetreu
der **Ne|bel**; nebelig [neblig];
der Nebelscheinwerfer
ne|ben; nebeneinander; nebenher

die **Ne|ben|sa|che**; nebensächlich
ne|cken; sie neckt ihn
der **Nef|fe**, die Neffen
ne|ga|tiv (verneinend);
das Negativ (vom Film)
neh|men, er nimmt, ich nahm,
ich habe genommen; nimm!
der **Neid**; neidisch; neidlos
sich **nei|gen**; die Neigung
nein; Nein [nein] sagen;
mit Nein antworten
der **Nek|tar** (Blütensaft)
die **Nek|ta|ri|ne**, die Nektarinen
die **Nel|ke**, die Nelken
nen|nen, sie nennt, ich nannte,
ich habe genannt
das **Ne|on|licht**; die Neonröhre
der **Nerv**, die Nerven; nervig;
nervös; ein nervöser Mensch
die **Nes|sel**, die Nesseln
das **Nest**, die Nester
nett, netter,
am nettesten

das **Netz**, die Netze
neu; etwas Neues; nichts Neues;
die Neuigkeit; neuerdings
die **Neu|gier** [Neugierde]; neugierig
das **Neu|jahr**; das neue Jahr
neu|lich

neun; neun Uhr; neunzehn; neunzig; neunhundert; um neun; die Neun; der Neuner

neu|tral [neut|ral] (unparteiisch)

nicht; gar nicht

die **Nich|te**, die Nichten

der **Nicht|rau|cher**; die Nichtraucherin

nichts; alles oder nichts; nichts Neues; nichts ahnend

der **Nicht|schwim|mer**; die Nichtschwimmerin

ni|cken, er nickt; das Nickerchen

nie; nie wieder

nie|der; die Niederlage

die **Nie|der|lan|de**; der Niederländer, die Niederländer, die Niederländerin; niederländisch

Nie|der|sach|sen; der Niedersachse, die Niedersachsen, die Niedersächsin; niedersächsisch

der **Nie|der|schlag**, die Niederschläge

nied|lich

nied|rig [nie|drig], niedriger, am niedrigsten

nie|mals

nie|mand; niemanden

die **Nie|re**, die Nieren

nie|seln, es nieselt; der Nieselregen

nie|sen, sie niest; das Niespulver

die **Nie|te**, die Nieten

der **Ni|ko|laus**; der Nikolaustag

das **Ni|ko|tin** (Gift im Tabak)

das **Nil|pferd**, die Nilpferde

nim|mer (niemals)

er **nimmt** → nehmen

nip|pen; er nippt am Saft

nir|gends; nirgendwo

die **Ni|sche**, die Nischen

nis|ten; der Nistkasten

das **Ni|veau**, die Niveaus

die **Ni|xe**, die Nixen

no|bel (edel, vornehm)

noch; noch einmal; nochmals

der **No|ma|de** (Hirtenvolk), die Nomaden

das **No|men** (Namenwort), die Nomen [Nomina]

der **No|mi|na|tiv** (1. Fall, Werfall)

die **Non|ne**, die Nonnen

Nord|a|me|ri|ka; der Nordamerikaner; nordamerikanisch

der **Nor|den**; nördlich; der Nordwind; der Nordpol; Norddeutschland

Nord|rhein-West|fa|len; der Nordrhein-Westfale, die Nordrhein-Westfalen, die Nordrhein-Westfälin; nordrhein-westfälisch

die **Nord|see**

No bis Ny

nör|geln; ich nörgele [nörgle];
die Nörgelei; nörgelig [nörglig]
nor|mal (üblich)
Nor|we|gen; der Norweger,
die Norweger, die Norwegerin;
norwegisch
die **Not**, die Nöte; er leidet Not
die **No|te**, die Noten
no|tie|ren; die Notiz; das Notizbuch
nö|tig; notwendig
der **No|vem|ber**
im **Nu** (sehr schnell)
nüch|tern
nu|ckeln; der Nuckel
die **Nu|del**, die Nudeln
das **Nu|gat**
null; er hat null Fehler; die Null
(Ziffer), die Nullen; der Nullpunkt
die **Num|mer**, die Nummern;
nummerieren
nun (jetzt); von nun an
nur; nur eine Minute
Nürn|berg
nu|scheln (undeutlich sprechen)
die **Nuss**, die Nüsse; die Walnuss
die **Nüs|ter**, die Nüstern
nüt|zen [nutzen], es nützt [nutzt];
die Nutzen; nützlich
das **Ny|lon**; der Nylonstrumpf

Oa bis Of

die **O|a|se** (Wasserstelle), die Oasen
ob
ob|dach|los (ohne Unterkunft)
die **O-Bei|ne**; o-beinig
o|ben
der **O|ber** (Kellner), die Ober
o|be|re; die obere Seite; oberhalb
die **O|ber|flä|che**, die Oberflächen;
oberflächlich
ob|gleich (obwohl)
das **O|ber|haupt**
das **Ob|jekt** (Gegenstand;
Satzergänzung), die Objekte
die **Ob|la|te [O|bla|te]**, die Oblaten
das **Obst**; der Obstsalat
ob|wohl
der **Och|se** [Ochs], die Ochsen
öd [öde] (einsam)
o|der; ich oder du
die **O|der** (Fluss)
der **O|fen**, die Öfen; der Heizofen
of|fen; offen stehen; offensichtlich

öf|fent|lich; die Öffentlichkeit
of|fi|zi|ell
der **Of|fi|zier**, die Offiziere
öff|nen, sie öffnet; die Öffnung
oft, öfter; öfters; wie oft; so oft
oh|ne; ohne weiteres
die **Ohn|macht**; ohnmächtig
das **Ohr**, die Ohren; die Ohrfeige
das **O|ka|pi**, die Okapis
o|kay [o.k.]
der **Ok|to|ber**
das **Öl**, die Öle; ölen; ölig
die **O|li|ve**, die Oliven
die **O|lym|pi|a|de**; die Olympischen Spiele; die Olympiamannschaft
die **O|ma**, die Omas; Omi
das **O|me|lett**, die Omelette [Omeletts]
der **Om|ni|bus**, die Omnibusse
der **On|kel**, die Onkel
der **O|pa**, die Opas; Opi
die **O|per**, die Opern
die **O|pe|ra|ti|on**, die Operationen; operieren
das **Op|fer**, die Opfer; opfern
die **Op|tik**; der Optiker; die Optikerin
op|ti|mal (bestmöglich)
op|ti|mis|tisch (an das Gute glaubend)
die **O|ran|ge**, die Orangen
o|ran|ge (rotgelb)

der **O|rang-U|tan** (Menschenaffe), die Orang-Utans
das **Or|ches|ter**, die Orchester
der **Or|den**, die Orden
or|dent|lich
ord|nen; die Ordnung; der Ordner
das **Or|gan**, die Organe
die **Or|ga|ni|sa|ti|on**, die Organisationen; organisieren
die **Or|gel**, die Orgeln; die Organistin
der **O|ri|ent**; orientalisch
sich **o|ri|en|tie|ren**, die Orientierung
das **O|ri|gi|nal**, die Originale
der **Or|kan** (Sturm), die Orkane
der **Ort**, die Orte; die Ortschaft
die **Ö|se**, die Ösen
Os|lo (Hauptstadt von Norwegen)
der **Os|ten**; östlich; die Ostsee; Ost und West
Os|tern; österlich

Ös|ter|reich; der Österreicher, die Österreicher, die Österreicherin; österreichisch
die **Ost|see**
o|val (eirund); das Oval
der **O|ver|head|pro|jek|tor**, die Overheadprojektoren
der **O|ze|an**, die Ozeane
das **O|zon|loch**; die Ozonschicht

Pa

paar (einige); ein paar Nüsse; ein paarmal
das **Paar** (zwei); ein Paar Schuhe; das Pärchen
die **Pacht**; der Pächter; pachten
das **Päck|chen**, die Päckchen
pa|cken, sie packt
pad|deln; das Paddel
das **Pa|ket**, die Pakete
der **Pa|last**, die Paläste
die **Pa|let|te**, die Paletten
die **Pal|me**, die Palmen
der **Palm|sonn|tag**
die **Pam|pel|mu|se**, die Pampelmusen
die **Pa|nik**; panikartig; panisch
die **Pan|ne**, die Pannen
das **Pa|no|ra|ma** (Rundblick)
der **Pan|ther** [Panter], die Panther
der **Pan|tof|fel**; ein Paar Pantoffeln
die **Pan|to|mi|me** (Darstellung nur durch Gebärden)
der **Pan|zer**, die Panzer
der **Pa|pa**, die Papas; Papi
der **Pa|pa|gei**, die Papageien
das **Pa|pier**, die Papiere
die **Pap|pe**; der Pappdeckel
die **Pap|pel**, die Pappeln
der **Pa|pri|ka [Pap|ri|ka]** (Gewürz, Gemüse)
der **Papst**, die Päpste
das **Pa|ra|dies**; paradiesisch
der **Pa|ra|graph** [§, Paragraf], die Paragraphen
pa|ral|lel [par|al|lel]; die Parallele
der **Pa|ra|sit** (Lebewesen, das auf Kosten anderer lebt), die Parasiten
pa|rat (bereit)
das **Pär|chen** (Paar), die Pärchen
das **Par|füm**, die Parfüms
Pa|ris (Hauptstadt von Frankreich)
der **Park**, die Parks
par|ken, er parkt; der Parkplatz
das **Par|kett**, die Parkette [Parketts]
das **Par|la|ment** (Volksvertretung), die Parlamente; parlamentarisch
die **Pa|ro|le**, die Parolen
die **Par|tei**, die Parteien
das **Par|ter|re** (Erdgeschoss)
der **Part|ner**, die Partner; die Partnerin
die **Par|ty**, die Partys
der **Pass**, die Pässe; der Reisepass

der **Pas|sa|gier**, die Passagiere
der **Pas|sant** (Fußgänger), die Passanten
pas|sen, es passt, es passte, es hat gepasst
pas|sie|ren; was ist passiert?
pas|siv (untätig)
die **Pas|te** [Pasta], die Pasten
der **Pas|tor**, die Pastoren
der **Pa|te**, die Paten; die Patin; der Patenonkel; die Patenschaft
der **Pa|ter**, die Patres [Pater]
der **Pa|ti|ent**, die Patienten; die Patientin
die **Pa|tro|ne [Pat|ro|ne]**, die Patronen
die **Pau|ke**, die Pauken
die **Pau|se**, die Pausen
pau|sen (durchzeichnen), sie paust; das Pauspapier
der **Pa|vi|an** (Affe), die Paviane
der **Pa|vil|lon**, die Pavillons
der **Pa|zi|fi|sche O|ze|an** [Pazifik]
der **PC** [Personalcomputer], die PCs
das **Pech**; der Pechvogel
das **Pe|dal** (Fußhebel), die Pedale
der **Pe|gel**, die Pegel
die **Pein** (Qual); peinigen; peinlich (unangenehm)
die **Peit|sche**, die Peitschen; peitschen, sie peitscht
die **Pel|le**, die Pellen; pellen

der **Pelz**, die Pelze; der Pelzmantel
das **Pen|del**, die Pendel; pendeln
der **Pe|nis**, die Penisse
die **Pen|si|on**, die Pensionen
per|fekt (vollkommen)
das **Per|ga|ment|pa|pier**
die **Pe|ri|o|de** (Zeitraum), die Perioden
die **Per|le**, die Perlen
die **Per|son**, die Personen; persönlich; die Persönlichkeit; das Personal
die **Pe|rü|cke**, die Perücken
pes|si|mis|tisch (an das Schlechte glaubend)
die **Pest** (Krankheit)
die **Pe|ter|si|lie**
das **Pe|tro|le|um [Pet|ro|le|um]**
pet|zen, er petzt
der **Pfad**, die Pfade; der Pfadfinder; die Pfadfinderin
der **Pfahl**, die Pfähle
die **Pfalz**; pfälzisch
das **Pfand**, die Pfänder; pfänden
die **Pfan|ne**, die Pfannen; der Pfannkuchen

der **Pfar|rer**, die Pfarrer; die Pfarrerin; die Pfarrei
der **Pfau**, die Pfauen
der **Pfef|fer**; pfeffern, er pfeffert
die **Pfef|fer|min|ze**; der Pfefferminztee

Pf

die **Pfei|fe**, die Pfeifen
pfei|fen, sie pfeift, ich pfiff, ich habe gepfiffen
der **Pfeil**, die Pfeile; der Giftpfeil
der **Pfei|ler** (einer Brücke), die Pfeiler
der **Pfen|nig** [Pf], die Pfennige
das **Pferd**, die Pferde; die Pferdestärke [PS]
der **Pfiff**, die Pfiffe; pfiffig
der **Pfif|fer|ling** (Pilz), die Pfifferlinge
das **Pfingst|en**; das Pfingstfest
der **Pfir|sich**, die Pfirsiche
pflan|zen, er pflanzt; die Pflanze, die Pflanzen; das Pflänzchen
das **Pflas|ter**, die Pflaster; pflastern, er pflastert
die **Pflau|me**, die Pflaumen; das Pflaumenmus
pfle|gen, er pflegt; die Pflege; der Pfleger; die Pflegerin
die **Pflicht**, die Pflichten
pflü|cken, sie pflückt
der **Pflug**, die Pflüge; pflügen; das Feld wird gepflügt
die **Pfor|te**; der Pförtner; die Pförtnerin
der **Pfos|ten**, die Pfosten
die **Pfo|te**, die Pfoten; das Pfötchen
der **Pfrop|fen** (Korken), die Pfropfen
pfui!

Pf bis Pl

das **Pfund** [Pfd.], die Pfunde
pfu|schen, sie pfuscht
die **Pfüt|ze**, die Pfützen
die **Phy|sik**; physikalisch
der **Pi|ckel**, die Pickel
pi|cken; das Huhn pickt
das **Pick|nick**; picknicken
piep|sen [piepen], es piepst
pi|kant (gut gewürzt)
die **Pil|le**, die Pillen
der **Pi|lot**, die Piloten; die Pilotin
der **Pilz**, die Pilze
der **Pin|gu|in**, die Pinguine

die **Pinn|wand**, die Pinnwände
der **Pin|sel**, die Pinsel; pinseln
die **Pin|zet|te**, die Pinzetten
der **Pi|rat**, die Piraten; die Piratin
pir|schen (anschleichen); er pirscht sich an
die **Pis|te**, die Pisten
die **Pis|to|le**, die Pistolen
pitsch|nass
die **Piz|za**, die Pizzas [Pizzen]; die Pizzeria
der **Pkw** [PKW] (Personenkraftwagen), die Pkws
pla|gen; die Plage, die Plagen
das **Pla|kat**, die Plakate

die **Pla|ket|te**, die Plaketten
der **Plan**, die Pläne; der Stundenplan
pla|nen, sie plant; planmäßig
die **Pla|ne** (Decke), die Planen
der **Pla|net** (Himmelskörper), die Planeten

plant|schen; das Plantschbecken
plap|pern, er plappert
plär|ren, sie plärrt
das **Plas|tik** (Kunststoff); die Plastiktüte
die **Plas|tik** (Kunstwerk), die Plastiken
plät|schern, es plätschert
platt; die Platte, die Platten; der Plattenspieler; der Plattfuß
der **Platz**, die Plätze; die Platzkarte; das Plätzchen
plat|zen; der Luftballon platzt
plau|dern; die Plauderei
plei|te; ich bin pleite
die **Plom|be** (Zahnfüllung), die Plomben; plombieren
plötz|lich
plump
plump|sen; der Plumpsack
der **Plun|der** (altes Zeug)
der **Plu|ral** (Mehrzahl)
plus (und); der Pluspunkt

po|chen; das Herz pocht
die **Po|cke**, die Pocken; die Pockenschutzimpfung
die **Po|e|sie** (Dichtung); das Poesiealbum
der **Po|kal**, die Pokale
der **Pol**, die Pole; der Nordpol
Po|len; der Pole, die Polen, die Polin; polnisch
po|lie|ren (blank reiben); die Politur
die **Po|li|tik**; der Politiker; die Politikerin; politisch
der **Po|li|zist**, die Polizisten; die Polizistin; die Polizei; die Polizeiwache; polizeilich
der **Pol|len** (Blütenstaub), die Pollen
das **Pols|ter**, die Polster; polstern
pol|tern; der Polterabend
die **Pom|mes** [Pommes frites]
das **Po|ny**, die Ponys
das **Pop|corn**
die **Pop|mu|sik**; der Popstar
der **Po|po** [Po], die Popos
po|pu|lär (beliebt)
die **Po|re**, die Poren; porös
der **Por|ti|er** (Pförtner), die Portiers
die **Por|ti|on**, die Portionen
das **Port|mo|nee** (Geldtasche), die Portmonees

das **Por|to** (Postgebühr)
das **Por|trät [Port|rät]**, die Porträts
Por|tu|gal; der Portugiese, die Portugiesen, die Portugiesin; portugiesisch
das **Por|zel|lan**
po|si|tiv (bejahend, erfreulich)
die **Post**; das Postamt; die Postleitzahl
das [der] **Pos|ter**, die Poster [Posters]
Pots|dam
die **Pracht**; prächtig; prachtvoll
das **Prä|di|kat**, die Prädikate
Prag (Hauptstadt der Tschechischen Republik)
prä|gen, er prägt
prah|len, sie prahlt
prak|tisch
die **Pra|li|ne**, die Pralinen
prall (voll, kräftig); prallen
die **Prä|mie**, die Prämien
die **Pran|ke**, die Pranken
die **Prä|po|si|ti|on** (Verhältniswort)
die **Prä|rie** (Grassteppe), die Prärien
das **Prä|sens** (grammatisch: Gegenwart)
der **Prä|si|dent**, die Präsidenten; die Präsidentin; der Bundespräsident
pras|seln; der Regel prasselt
das **Prä|te|ri|tum [Prä|ter|i|tum]** (grammatisch: Vergangenheit)

die **Pra|xis**, die Praxen; die Arztpraxis
prä|zis [präzise] (genau)
die **Pre|digt**; predigen
der **Preis**, die Preise; preiswert
die **Prei|sel|bee|re**, die Preiselbeeren
die **Prel|lung**, die Prellungen; prellen
die **Pre|mi|e|re** (Erstaufführung), die Premieren
Preß|burg (Hauptstadt der Slowakei)
die **Pres|se**; pressen
pri|ckeln; prickelnd
der **Pries|ter**, die Priester
pri|ma (besonders gut)
die **Pri|mel**, die Primeln
pri|mi|tiv (einfach)
der **Prinz**, die Prinzen; die Prinzessin

das **Prin|zip** (Grundsatz), die Prinzipien
pri|vat; das Privatleben
pro (für; je); pro Stück
die **Pro|be**, die Proben; probieren
das **Prob|lem [Pro|blem]**, die Probleme; problematisch
das **Pro|dukt** (Erzeugnis), die Produkte; die Produktion; produzieren
der **Pro|fes|sor**, die Professoren; die Professorin

das **Pro|fil**, die Profile
das **Pro|gramm**, die Programme; programmieren
das **Pro|jekt** (Vorhaben), die Projekte
der **Pro|jek|tor**, die Projektoren
prompt (sofort)
das **Pro|no|men** (Fürwort), die Pronomen
der **Pro|pel|ler**, die Propeller
der **Pro|phet**, die Propheten; prophezeien (voraussagen)
das **Pro|sit**; prosit [prost] Neujahr!
der **Pro|spekt [Pros|pekt]**, die Prospekte
der **Pro|test**, die Proteste; protestieren
der **Pro|tes|tant**, die Protestanten; protestantisch
das **Pro|to|koll**; die Protokolle
der **Pro|vi|ant** (Verpflegung)
das **Pro|zent** [%], die Prozente
der **Pro|zess**, die Prozesse
die **Pro|zes|sion**, die Prozessionen
die **Prü|fung**, die Prüfungen; prüfen; der Prüfling
prü|geln; die Prügel (Mehrzahl)
die **Pu|ber|tät**
das **Pub|li|kum [Pu|bli|kum]**
der **Pud|ding**, die Puddinge [Puddings]
der **Pu|del**, die Pudel; pudelnass

der [das] **Pu|der**, die Puder; pudern
der **Puf|fer**, die Puffer
der **Pul|li**, die Pullis
der **Pul|lo|ver [Pull|o|ver]**, die Pullover
der **Puls**, die Pulse, die Pulsader
das **Pult**, die Pulte
das **Pul|ver**, die Pulver; der Pulverschnee
pum|me|lig [pummlig]
die **Pum|pe**, die Pumpen; pumpen
der **Punkt**, die Punkte
pünkt|lich
die **Pu|pil|le**, die Pupillen
die **Pup|pe**, die Puppen
pur (rein, unvermischt)
das **Pü|ree** (Brei), die Pürees
pur|zeln; der Purzelbaum
pus|ten, sie pustet; die Puste
die **Pu|te**, die Puten
put|zen, er putzt; putzig
das **Puz|zle** (Legespiel), die Puzzles; puzzeln, sie puzzelt
der **Py|ja|ma**, die Pyjamas
die **Py|ra|mi|de**, die Pyramiden

das **Qua|drat [Quad|rat]**, die Quadrate; quadratisch
qua|ken; der Frosch quakt
quä|len; er quält; die Qual, die Qualen; qualvoll
die **Qua|li|fi|ka|ti|on**; qualifizieren
die **Qua|li|tät**, die Qualitäten
die **Qual|le**, die Quallen
der **Qualm**; qualmen
der **Quark**; die Quarkspeise
das **Quar|tal** (Vierteljahr), die Quartale
das **Quar|tett**, die Quartette
das **Quar|tier**, die Quartiere
der **Quarz**, die Quarze; die Quarzuhr
quas|seln, er quasselt
der **Quatsch**; quatschen
das **Queck|sil|ber** (im Thermometer)
die **Quel|le**, die Quellen; quellen, es quillt, es quoll, es ist gequollen
quen|geln, sie quengelt
quer; querfeldein; die Quere

quet|schen; die Quetschung
quie|ken; das Schwein quiekt
quiet|schen; die Tür quietscht
der **Quirl**, die Quirle; quirlen
die **Quit|tung**, die Quittungen; quittieren; quitt; wir sind quitt
das **Quiz**; der Quizmaster
die **Quo|te**, die Quoten

der **Ra|batt** (Preisnachlass)
der **Ra|bau|ke**, die Rabauken
der **Rab|bi|ner** (jüdischer Geistlicher), die Rabbiner
der **Ra|be**, die Raben
ra|bi|at (grob, gewalttätig)
die **Ra|che**; rächen; rachsüchtig
der **Ra|chen**, die Rachen
das **Rad**, die Räder; der Radfahrer; die Radfahrerin; Rad fahren, sie fährt Rad; Rad schlagen
das [der] **Ra|dar**; das Radargerät
der **Ra|dau** (Lärm)
ra|die|ren; der Radiergummi, die Radiergummis
das **Ra|dies|chen**, die Radieschen
ra|di|kal (gründlich; rücksichtslos)
das **Ra|dio**, die Radios
die **Ra|di|o|ak|ti|vi|tät**; radioaktiv
der **Ra|di|us** (Halbmesser des Kreises), die Radien
raf|fen; die Raffgier; raffgierig
raf|fi|niert (schlau)
der **Rahm** (Sahne)
der **Rah|men**, die Rahmen; rahmen; einrahmen
sich **rä|keln** [rekeln], sie räkelt sich
die **Ra|ke|te**, die Raketen
die **Ral|lye**, die Rallyes; die Stadtrallye
der **Ra|ma|dan** (islamischer Fastenmonat)
ram|men (anstoßen); sie rammte ein Auto
die **Ram|pe**, die Rampen
der **Ramsch** (alte Ware)
der **Rand**, die Ränder
ran|da|lie|ren (lärmen)
der **Rang**, die Ränge
sich **ran|geln**; die Rangelei
ran|gie|ren; die Rangierlok
rank (schlank)
die **Ran|ke**, die Ranken; ranken
er **rann|te** → rennen
der **Ran|zen**, die Ranzen
ran|zig; ranzige Butter
ra|pid [rapide] (sehr schnell)
der **Rap|pe** (schwarzes Pferd), die Rappen
der **Raps** (Ölpflanze)
rar (selten); die Rarität
ra|sant (sehr schnell)

Ra

rasch, rascher, am raschesten

ra|scheln; es raschelt im Stroh

ra|sen, sie rast; rasend

der **Ra|sen**; der Rasenmäher

ra|sie|ren; der Rasierapparat

die **Ras|pel** (Werkzeug), die Raspeln; raspeln

die **Ras|pel** (kleine Stücke); die Schokoladenraspel

die **Ras|se**, die Rassen

ras|seln; die Rassel

ras|ten; die Rast; die Raststätte

die **Ra|te** (Teilzahlung), die Raten

ra|ten, sie rät, ich riet, ich habe geraten; erraten; beraten; ratlos; der Rat; das Rathaus

die **Ra|ti|on** (Anteil), die Rationen

das **Rät|sel**, die Rätsel; rätseln

die **Rat|te**, die Ratten

rat|tern; der Motor rattert

rau, rauer, am rauesten [rausten]; der Raureif

rau|ben; der Raub; der Räuber; das Raubtier

rau|chen; der Rauch; der Raucher; die Raucherin

räu|chern, er räuchert

rauf (herauf); raufgehen

Ra bis Re

rau|fen; die Rauferei

der **Raum**, die Räume; die Raumfahrt; das Raumschiff

räu|men (leer machen)

rau|nen (flüstern), sie raunt; das Raunen

die **Rau|pe**, die Raupen

raus (heraus); rauskommen

der **Rausch**; das Rauschgift

rau|schen, es rauscht; das Geräusch

sich **räus|pern**, er räuspert sich

die **Ra|vi|o|li** (gefüllte Nudeltaschen)

die **Raz|zia** (Polizeifahndung), die Razzien

re|a|gie|ren; sie reagiert; die Reaktion

der **Re|ak|tor** (im Atomkraftwerk), die Reaktoren

re|al (wirklich); die Realität

die **Re|al|schu|le**; der Realschüler; die Realschülerin

die **Re|be**, die Reben; der Rebstock

der **Re|chen** (Harke), die Rechen

rech|nen, sie rechnet; die Rechnung, die Rechnungen

recht; es ist mir recht; jetzt erst recht

das **Recht**, die Rechte; du hast Recht; zu Recht; der Rechtsanwalt; die Rechtsanwältin

das **Recht|eck**; rechteckig

sich **recht|fer|ti|gen**

rechts; rechtshändig; die rechte Hand

die **Recht|schrei|bung**

recht|zei|tig

das **Reck**, die Recke [Recks]

sich **re|cken**; er reckt sich

das **Re|cyc|ling [Re|cy|cling]** (Wiederverwertung von Müll)

re|den; die Rede; redselig; der Redner; die Rednerin

red|lich (ehrlich)

die **Re|form** (Neugestaltung), die Reformen; reformieren; die Reformation

der **Re|frain [Ref|rain]** (Kehrreim), die Refrains

das **Re|gal**, die Regale

re|ge (flink)

die **Re|gel**, die Regeln; regelmäßig; regelrecht; regeln

sich **re|gen**; die Regung; reglos

der **Re|gen**; regnen; regnerisch; der Regenwald

re|gie|ren; die Regierung

der **Re|gis|seur** (Spielleiter), die Regisseure; die Regisseurin

das **Reh**, die Rehe; das Rehkitz

rei|ben, sie reibt, ich rieb, ich habe gerieben; die Reibung

reich, reicher, am reichsten; der Reiche; der Reichtum; reichhaltig; reichlich

das **Reich**; das Königreich

rei|chen (genug sein); es reicht mir

rei|chen (geben); sie reicht den Stift

reif; reifen; die Reife

der **Reif** (gefrorener Tau)

der **Reif** (Ring); der Armreif

der **Rei|fen**, die Reifen

der **Rei|gen**, die Reigen

die **Rei|he**, die Reihen; reihen

der **Reim**, die Reime; reimen

rein (herein); reingehen

rein (sauber); rein machen; reinigen; die Reinigung

der **Reis**; der Reisbrei

rei|sen, sie reist, ich reiste, ich bin gereist; die Reise; das Reisebüro

rei|ßen, er reißt, ich riss, ich habe gerissen; der Riss, die Risse; der Reißverschluss, die Reißverschlüsse

rei|ten, sie reitet, ich ritt,
ich bin [habe] geritten;
der Reiter; die Reiterin
rei|zen; sie reizt ihn; gereizt;
der Reiz, die Reize; reizend
sich **re|keln** [räkeln]
die **Re|kla|ma|tion**; reklamieren
die **Re|kla|me** (Werbung)
der **Re|kord**, die Rekorde
der **Re|kor|der** [Recorder],
die Rekorder;
der Kassettenrekorder
der **Rek|tor**, die Rektoren; die Rektorin
re|la|tiv (vergleichsweise);
sie ist relativ groß
die **Re|li|gi|on**, die Religionen;
religiös (fromm)
rem|peln; die Rempelei
das **Ren** [Rentier] (Hirschart),
die Rens [Rene]
ren|nen, er rennt, ich rannte,
ich bin gerannt;
das Rennen
re|no|vie|ren; die Renovierung
die **Ren|te**, die Renten;
der Rentner; die Rentnerin
re|pa|rie|ren; die Reparatur
der **Re|por|ter**, die Reporter;
die Reporterin; die Reportage

das **Rep|til**, die Reptilien
die **Re|pu|blik [Re|pub|lik]**,
die Republiken
die **Re|ser|ve** (Vorrat), die Reserven
re|ser|vie|ren (vorbestellen)
der **Res|pekt [Re|spekt]**; respektlos
der **Rest**, die Reste
das **Res|tau|rant [Re|stau|rant]**,
die Restaurants
das **Re|sul|tat** (Ergebnis), die Resultate
ret|ten; der Retter; die Rettung
der **Ret|tich**, die Rettiche
die **Reue**; reumütig; bereuen
das **Re|vier** (Bezirk), die Reviere
der **Re|vol|ver**, die Revolver
Reyk|ja|vik (Hauptstadt von Island)
das **Re|zept**, die Rezepte
der **Rha|bar|ber**
der **Rhein** (Fluss)
das **Rhein|land**; der Rheinländer,
die Rheinländer, die Rheinländerin;
rheinländisch
Rhein|land-Pfalz; rheinland-pfälzisch
das **Rheu|ma**; der Rheumatismus
der **Rhyth|mus**, die Rhythmen;
rhythmisch
der **Rich|ter**, die Richter; die Richterin;
richten
rich|tig; die Richtigkeit

die **Rich|tung**, die Richtungen
rie|chen, er riecht, ich roch, ich habe gerochen; der Geruch, die Gerüche
er **rief** → rufen
die **Rie|ge** (beim Turnen), die Riegen
der **Rie|gel**, die Riegel
der **Rie|men**, die Riemen
der **Rie|se**, die Riesen; riesig; riesengroß
rie|seln; der Schnee rieselt
Ri|ga (Hauptstadt von Lettland)
die **Ril|le**, die Rillen
das **Rind**, die Rinder
die **Rin|de**, die Rinden
der **Ring**, die Ringe; der Ringfinger
rin|gen, er ringt, ich rang, ich habe gerungen; der Ringer; der Ringkampf
rings; ringsum
die **Rin|ne**, die Rinnen
rin|nen, es rinnt, es rann, es ist geronnen
das **Rinn|sal** (kleiner Bach)
die **Rip|pe**, die Rippen
das **Ri|si|ko** (Wagnis), die Risikos [Risiken]; riskieren; riskant
sie **riss** → reißen
der **Riss**, die Risse

der **Rit|ter**, die Ritter; ritterlich
rit|zen, sie ritzt; geritzt; der Ritz (Kratzer), die Ritze
die **Rit|ze** (Spalte), die Ritzen
der **Ri|va|le** (Gegner), die Rivalen; die Rivalin
die **Rob|be**, die Robben
der **Ro|bo|ter**, die Roboter
ro|bust (kräftig)
rö|cheln, sie röchelt
der **Rock**, die Röcke
der **Rock**; die Rockmusik; der Rocker; die Rockerin
ro|deln, er rodelt; die Rodelbahn
ro|den (abholzen); die Bäume roden
der **Rog|gen** (Getreide)
roh, roher, am rohesten [rohsten]; die Rohheit
das **Rohr**, die Rohre
die **Röh|re**, die Röhren
der **Roh|stoff**, die Rohstoffe
rol|len, sie rollt; die Rolle, die Rollen; der Roller; der Rollschuh; die Rolltreppe; die Rollerblades
der **Roll|la|den**, die Rollläden [Rollladen]

der **Roll|mops**, die Rollmöpse

das **Rol|lo** (am Fenster), die Rollos

Rom (Hauptstadt von Italien); der Römer, die Römer, die Römerin; römisch

der **Ro|man**, die Romane

ro|man|tisch; die Romantik

rönt|gen; er wurde geröntgt; die Röntgenaufnahme

ro|sa; rosarot; rosig

die **Ro|se**, die Rosen; das Röslein

der **Ro|sen|kranz**, die Rosenkränze

die **Ro|si|ne**, die Rosinen

das **Ross** (Pferd), die Rosse [Rösser]

ros|ten; rostig; der Rost; das Rostschutzmittel

rös|ten; der Brotröster

rot; rötlich

das **Ro|te Kreuz**

die **Rö|teln** (Krankheit)

das **Rot|käpp|chen** (Märchenfigur)

das **Rot|kehl|chen** (Vogelart), die Rotkehlchen

die **Rou|te** (Reiseweg), die Routen

der **Row|dy** (gewalttätiger Mensch), die Rowdys

rub|beln (kräftig reiben)

die **Rü|be**, die Rüben; das Rübenkraut

der **Rü|be|zahl** (Berggeist)

der **Ruck**, die Rucke; hau ruck!; ruckartig; rucken

rü|cken; er rückt den Stuhl

der **Rü|cken**, die Rücken; das Rückgrat

die **Rück|fahrt**, die Rückfahrten; die Rückfahrkarte

die **Rück|kehr**

das **Rück|licht**, die Rücklichter

der **Ruck|sack**, die Rucksäcke

die **Rück|sicht**; rücksichtslos

der **Rück|strah|ler** (am Fahrrad)

rück|wärts; er fährt rückwärts; der Rückwärtsgang (beim Auto)

der **Rü|de** (männlicher Hund), die Rüden

das **Ru|del** (Tiergruppe), die Rudel

ru|dern; das Ruder, die Ruder; der Ruderer; das Ruderboot

ru|fen, sie ruft, ich rief, ich habe gerufen; der Ruf, die Rufe; das Rufzeichen

rü|gen; sie rügt ihn; die Rüge, die Rügen

die **Ru|he**; ruhen; ruhig

der **Ruhm**; berühmt; rühmen; er rühmt sich

rüh|ren, sie rührt; rührend; die Rührung; das Rührei

das **Ruhr|ge|biet**

die **Ru|i|ne** (verfallenes Bauwerk), die Ruinen; die Burgruine; ruinieren (kaputtmachen)

rülp|sen, er rülpst; der Rülpser

rum (herum); rumlaufen

der **Rum**; Tee mit Rum; der Rumtopf

Ru|mä|ni|en; der Rumäne, die Rumänen, die Rumänin; rumänisch

der **Rum|mel**; der Rummelplatz

ru|mo|ren (lärmen)

die **Rum|pel|kam|mer**

rum|peln; der Wagen rumpelt; der Weg ist rumpelig [rumplig]

das **Rum|pel|stilz|chen** (Märchenfigur)

der **Rumpf**, die Rümpfe

rümp|fen; sie rümpft die Nase

das **Rump|steak** (Rindfleischscheibe), die Rumpsteaks

rund; rundherum; rundum;

rund|lich; die Runde, die Runden; die Rundfahrt; der Rundgang

der **Rund|funk**; das Rundfunkprogramm

run|ter (herunter); runterkommen

run|zeln; runzelig [runzlig]; die Runzel (Falte), die Runzeln

der **Rü|pel**, die Rüpel; rüpelhaft

rup|fen; die Federn rupfen

rup|pig; die Ruppigkeit

die **Rü|sche**, die Rüschen

der **Ruß**; rußig; rußen, die Flamme rußt

der **Rüs|sel**, die Rüssel

Russ|land; der Russe, die Russen, die Russin; russisch

rüs|tig (kräftig, frisch)

die **Rüs|tung**, die Rüstungen; rüsten; rüstig

die **Ru|te**, die Ruten

rut|schen, sie rutscht; die Rutsche; rutschig

rüt|teln, ich rüttle [rüttele], er rüttelt

A B C D E F G H I J K L M N O P Qu R S T U V W X Y Z

Sa

der **Saal**, die Säle

Saar|brü|cken

das **Saar|land**; der Saarländer; die Saarländer, die Saarländerin; saarländisch

die **Saat**, die Saaten; das Saatkorn

der **Sab|bat** (jüdischer Feiertag), die Sabbate

sab|bern; das Baby sabbert

der **Sä|bel**, die Säbel; säbeln

die **Sa|che**, die Sachen; sachlich; der Sachunterricht

Sach|sen; der Sachse, die Sachsen, die Sächsin; sächsisch

Sach|sen-An|halt; sachsen-anhaltisch

sacht [sachte] (leise, sanft)

der **Sack**, die Säcke; die Sackgasse; das Sackhüpfen

sä|en, sie sät, ich säte, ich habe gesät

die **Sa|fa|ri**, die Safaris; der Safaripark

der [das] **Safe** (Geldschrank), die Safes

der **Saft**, die Säfte; saftig, saftiger, am saftigsten

die **Sa|ge**, die Sagen; sagenhaft

die **Sä|ge**, die Sägen; sägen, er sägt; das Sägeblatt; die Sägespäne

sa|gen, er sagt

er **sah** → sehen

die **Sa|ha|ra** (Wüste)

die **Sah|ne**; sahnig

die **Sai|son**, die Saisons

die **Sai|te** (beim Musikinstrument), die Saiten

das **Sa|kra|ment [Sak|ra|ment]** (in der katholischen Kirche), die Sakramente

die **Sa|kris|tei [Sak|ris|tei]** (kleiner Kirchenraum)

der **Sa|la|man|der**, die Salamander

die **Sa|la|mi**, die Salami [Salamis]

der **Sa|lat**, die Salate

die **Sal|be**, die Salben

der **Sal|to**, die Saltos [Salti]

das **Salz**, die Salze; salzen; salzig

der **Sa|men** [Same], die Samen

sam|meln, sie sammelt; der Sammler; die Sammlerin; die Sammlung

der **Sams|tag** (Sonnabend); am Samstag; samstags

der **Samt**; das Samtkleid
samt (mit); sämtlich
das **Sa|na|to|ri|um** (Heilanstalt)
der **Sand**; der Sandkasten; sandig
die **San|da|le**; ein Paar Sandalen
das **Sand|wich** (belegte Weißbrotschnitte), die Sandwiches
sanft; sanftmütig
die **Sänf|te** (Tragestuhl), die Sänften
sie **sang** → singen
der **Sän|ger**, die Sänger; die Sängerin
der **Sa|ni|tä|ter**, die Sanitäter; die Sanitäterin
Sankt [St.]; Sankt Nikolaus
Sa|ra|je|wo (Hauptstadt von Bosnien-Herzegowina)
die **Sar|di|ne**, die Sardinen
der **Sarg**, die Särge
er **saß** → sitzen
der **Sa|tan** (Teufel)
der **Sa|tel|lit**, die Satelliten

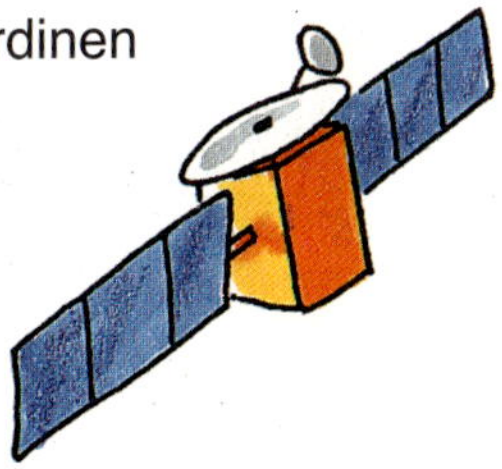

satt; sich satt essen; etwas satt bekommen
der **Sat|tel**, die Sättel; satteln; der Sattelschlepper
der **Satz**, die Sätze; das Satzglied; der Satzgegenstand; die Satzaussage; der Satzkern

die **Sau**, die Säue [Sauen]
sau|ber, sauberer, am saubersten; die Sauberkeit; sauber machen
die **Sau|ce** [Soße], die Saucen
sau|er, saurer, am sauersten; säuerlich; die Säure; das Sauerkraut
der **Sau|er|stoff**; die Sauerstoffflasche
sau|fen, er säuft, ich soff, ich habe gesoffen; der Säufer; die Säuferin
sau|gen, sie saugt, sie sog [saugte], sie hat gesogen [gesaugt]; der Sauger
säu|gen, sie säugt ihre Jungen, sie säugte, sie hat gesäugt; das Säugetier; der Säugling
die **Säu|le**, die Säulen
der **Saum**, die Säume; säumen
die **Sau|na**, die Saunas [Saunen]
die **Säu|re**, die Säuren
der **Sau|ri|er**, die Saurier
sau|sen, du saust, ich sauste, ich bin gesaust
das **Sa|xo|fon** [Saxophon] (Musikinstrument), die Saxofone
die **S-Bahn** (Schnellbahn), die S-Bahnen
scha|ben, er schabt
der **Scha|ber|nack** (Streich)
schä|big

Scha

die **Scha|blo|ne [Schab|lo|ne]**, die Schablonen
das **Schach**; die Schachfigur; schachmatt
der **Schacht**, die Schächte
die **Schach|tel**, die Schachteln
scha|de; es ist schade
der **Schä|del**, die Schädel
der **Scha|den**, die Schäden; der Schädling; schädlich; schaden; schadenfroh
das **Schaf**, die Schafe; der Schäfer; die Schäferin; der Schäferhund

schaf|fen; sie schafft es, ich schaffe es, ich habe es geschafft
der **Schaff|ner**, die Schaffner; die Schaffnerin
der **Schal**, die Schals
die **Scha|le**, die Schalen; schälen, er schält
der **Schall**; die Schallplatte; schallen
schal|ten, sie schaltet; der Schalter, die Schalter
das **Schalt|jahr**
sich **schä|men**; beschämen; die Scham; schamlos
die **Schan|de**; schändlich

Scha bis Sche

die **Schan|ze**, die Schanzen; die Sprungschanze
die **Schar**, die Scharen; scharenweise
scharf, schärfer, am schärfsten; schärfen; die Schärfe
der **Schar|lach** (Krankheit)
das **Schar|nier** (Drehgelenk an Türen), die Scharniere
schar|ren; das Huhn scharrt
das [der] **Schasch|lik**
der **Schat|ten**, die Schatten; schattig
der **Schatz**, die Schätze; die Schatztruhe
schät|zen, er schätzt
schau|der|haft; der Schauder
schau|en, sie schaut; die Schau [Show]; das Schaufenster
der **Schau|er** (Regen), die Schauer
der **Schau|er** (Schreck), die Schauer; schauerlich; schaurig; die Schauergeschichte
die **Schau|fel**, die Schaufeln; schaufeln, er schaufelt
die **Schau|kel**, die Schaukeln; das Schaukelpferd; schaukeln, er schaukelt
der **Schaum**, die Schäume; schäumen
der **Schau|spie|ler**, die Schauspieler; die Schauspielerin; das Schauspiel
der **Scheck**, die Schecks; die Scheckkarte

sche|ckig (gefleckt)
die **Schei|be**, die Scheiben; die Glasscheibe; die Brotscheibe
der **Scheich**, die Scheiche [Scheichs]
die **Schei|de**, die Scheiden
schei|den, er scheidet, ich schied, ich bin geschieden; die Scheidung
der **Schein**, die Scheine; der Geldschein; der Sonnenschein

schei|nen; die Sonne scheint; sie schien, sie hat geschienen; scheinbar
der **Schei|tel**, die Scheitel
schei|tern, sie scheitert, ich scheiterte, ich bin gescheitert
die **Schel|le** (Glocke), die Schellen; schellen
der **Schelm**, die Schelme; schelmisch
schel|ten, er schilt, ich schalt, ich habe gescholten; die Schelte
der **Schen|kel**, die Schenkel
schen|ken; das Geschenk
schep|pern (klappern)
die **Scher|be**, die Scherben; der Scherbenhaufen
die **Sche|re**, die Scheren
die **Sche|re|rei** (Unannehmlichkeit), die Scherereien
der **Scherz**, die Scherze; scherzen, sie scherzt; scherzhaft
scheu, scheuer, am scheuesten; die Scheu; ohne Scheu
scheu|chen; die Vogelscheuche
scheu|en; das Pferd scheut
scheu|ern, er scheuert
die **Scheu|ne**, die Scheunen
das **Scheu|sal**, die Scheusale
scheuß|lich
der **Schi** [Ski], die Schier; Schi laufen; ich laufe Schi
die **Schicht**, die Schichten
schick; ein schickes Tuch
schi|cken; sie schickt eine Karte
das **Schick|sal**, die Schicksale
schie|ben, er schiebt, ich schob, ich habe geschoben
der **Schieds|rich|ter**, die Schiedsrichter; die Schiedsrichterin
schief, schiefer, am schiefsten
der **Schie|fer**; das Schieferdach
schie|len, er schielt
das **Schien|bein**, die Schienbeine
die **Schie|ne**, die Schienen
schie|ßen, sie schießt, ich schoss, ich habe geschossen; der Schuss

das **Schiff**, die Schiffe; die Schifffahrt; der Binnenschiffer

die **Schi|ka|ne** (Bosheit), die Schikanen; schikanieren

das **Schild**, die Schilder

der **Schild** (des Ritters), die Schilde

schil|dern; die Schilderung

die **Schild|krö|te**, die Schildkröten

das **Schilf** (Grasart am Wasser); das Schilfrohr

schil|lern, es schillert

der **Schim|mel** (weißes Pferd), die Schimmel

der **Schim|mel** (Pilz); schimmeln; schimmelig [schimmlig]

schim|mern; der Schimmer

der **Schim|pan|se**, die Schimpansen

schimp|fen, er schimpft; das Schimpfwort

der **Schin|ken**, die Schinken

die **Schip|pe**, die Schippen; schippen, er schippt Schnee

der **Schirm**, die Schirme; der Sonnenschirm; der Bildschirm

die **Schlacht**, die Schlachten

schlach|ten; der Schlachter (Metzger); die Schlachterei

die **Schlä|fe**, die Schläfen

schla|fen, er schläft, ich schlief, ich habe geschlafen; der Schlaf; schläfrig

schlaff

schla|gen, er schlägt, ich schlug, ich habe geschlagen; der Schlag, die Schläge; die Schlägerei; die Schlagsahne

der **Schla|ger**, die Schlager; der Schlagersänger; die Schlagersängerin

der **Schlamm**; schlammig

schlam|pig; die Schlamperei

die **Schlan|ge**, die Schlangen; Schlange stehen; sich schlängeln

schlank, schlanker, am schlanksten

schlapp; schlapp machen; die Schlappe (Niederlage)

das **Schla|raf|fen|land**

schlau, schlauer, am schlausten [schlauesten]; der Schlauberger

der **Schlauch**, die Schläuche

die **Schlau|fe**, die Schlaufen

schlecht, schlechter, am schlechtesten

schle|cken; die Schleckerei

schlei|chen, sie schleicht, ich schlich, ich bin geschlichen

der **Schlei|er**, die Schleier

schlei|er|haft (rätselhaft)

die **Schlei|fe**, die Schleifen

schlei|fen, er schleift, ich schliff, ich habe geschliffen; der Schliff

der **Schleim**; schleimig

schlem|men, sie schlemmt

schlen|dern, er schlendert

schlen|kern, sie schlenkert

schlep|pen, er schleppt; der Schlepper; im Schlepp

Schles|wig-Hol|stein; schleswig-holsteinisch

schleu|dern, sie schleudert; die Schleuder, die Schleudern

schleu|nig (schnell); schleunigst

die **Schleu|se**, die Schleusen

schlicht

schlich|ten; den Streit schlichten

der **Schlick** (Schlamm)

schlie|ßen, du schließt, ich schloss, ich habe geschlossen; das Schließfach

schließ|lich

schlimm, schlimmer, am schlimmsten

die **Schlin|ge**, die Schlingen

der **Schlin|gel**, die Schlingel

schlin|gen, er schlingt, ich schlang, ich habe geschlungen

der **Schlips**, die Schlipse

der **Schlit|ten**, die Schlitten; Schlitten fahren

schlit|tern, sie schlittert

der **Schlitt|schuh**, die Schlittschuhe

der **Schlitz**, die Schlitze

das **Schloss**, die Schlösser

der **Schlos|ser**, die Schlosser; die Schlosserin; die Schlosserei

der **Schlot** (Schornstein), die Schlote

schlot|tern, er schlottert

die **Schlucht**, die Schluchten

schluch|zen, sie schluchzt; das Schluchzen

schlu|cken, er schluckt; der Schluck; der Schluckauf; die Schluckimpfung

schlu|dern, sie schludert; schluderig [schludrig]

schlum|mern; der Schlummer

schlüp|fen, er schlüpft; der Schlüpfer

schlur|fen; er schlurft über den Flur

schlür|fen; sie schlürft Milch

der **Schluss**, die Schlüsse; der Kurzschluss

der **Schlüs|sel**, die Schlüssel; das Schlüsselloch

schmäch|tig, schmächtiger, am schmächtigsten

schmack|haft

schmal, schmaler [schmäler], am schmalsten [schmälsten]

das **Schmalz**; schmalzig

schma|rot|zen (auf Kosten anderer leben); der Schmarotzer

schmat|zen, er schmatzt

schmau|sen (gut essen), sie schmaust; der Schmaus

schme|cken, es schmeckt

schmei|cheln; schmeichelhaft

schmei|ßen, sie schmeißt, ich schmiss, ich habe geschmissen

schmel|zen; das Eis schmilzt; es schmolz, es ist geschmolzen

der **Schmerz**, die Schmerzen; die Schmerztabletten; schmerzen; schmerzhaft; schmerzlich

der **Schmet|ter|ling**, die Schmetterlinge

schmet|tern, er schmettert; der Schmetterball

der **Schmied**, die Schmiede; die Schmiede; schmieden

schmie|ren, sie schmiert; der Schmierfink; schmierig

schmin|ken; sie schminkt sich; die Schminke

schmir|geln, er schmirgelt; das Schmirgelpapier

schmö|kern, sie schmökert

schmol|len, er schmollt

schmo|ren; der Schmorbraten

schmü|cken, sie schmückt; der Schmuck

schmug|geln, du schmuggelst; der Schmuggler; der Schmuggel

schmun|zeln, sie schmunzelt

schmu|sen, er schmust

schmut|zig, schmutziger, am schmutzigsten; der Schmutz; der Schmutzfink

der **Schna|bel**, die Schnäbel

die **Schna|ke** (Stechmücke), die Schnaken

die **Schnal|le**, die Schnallen; schnallen, er schnallt

schnal|zen, sie schnalzt

schnap|pen, er schnappt

der **Schnaps**, die Schnäpse

schnar|chen, sie schnarcht

schnat|tern; die Gans schnattert

schnau|ben, er schnaubt

schnau|fen, sie schnauft

die **Schnau|ze**, die Schnauzen; schnauzen (schimpfen)

sich **schnäu|zen**, er schnäuzt sich

die **Schne|cke**, die Schnecken

der **Schnee**; der Schneeball; schneeweiß

das **Schnee|glöck|chen**, die Schneeglöckchen

schnei|den, sie schneidet, ich schnitt, ich habe geschnitten

der **Schnei|der**, die Schneider; die Schneiderin; schneidern

schnei|en, es schneit, es schneite, es hat geschneit

die **Schnei|se**, die Schneisen

schnell, schneller, am schnellsten; der Schnellzug

schnip|pisch (frech)

der [das] **Schnip|sel**, die Schnipsel

der **Schnitt**, die Schnitte; die Schnittwunde; der Haarschnitt

die **Schnit|te** (Brot), die Schnitten

der **Schnitt|lauch**

das **Schnit|zel**, die Schnitzel; das Wiener Schnitzel

schnit|zen, er schnitzt

der **Schnor|chel**, die Schnorchel

der **Schnör|kel**, die Schnörkel

schnüf|feln, er schnüffelt

der **Schnul|ler**, die Schnuller

der **Schnup|fen**

schnup|pern, er schnuppert

die **Schnur**, die Schnüre; schnüren; die Schnürsenkel

der **Schnurr|bart**, die Schnurrbärte

schnur|ren; die Katze schnurrt

der **Schock**; schocken; schockieren

die **Scho|ko|la|de**

die **Schol|le** (Fisch), die Schollen; das Schollenfilet

schon; er ist schon da

schön, schöner, am schönsten; etwas Schönes; die Schönheit; das Schönschreiben

scho|nen; sie schont ihn; die Schonkost; die Schonung

der **Schopf**, die Schöpfe

schöp|fen, er schöpft; der Schöpfer; die Schöpfung

der **Schorf** (Kruste auf einer Wunde)

der **Schorn|stein**, die Schornsteine; der Schornsteinfeger

der **Schoß**, die Schöße

die **Scho|te** (Fruchthülse), die Schoten

der **Schot|ter** (zerkleinerte Steine); die Schotterstraße

schräg, schräger, am schrägsten; die Schräge

die **Schram|me**, die Schrammen

der **Schrank**, die Schränke

die **Schran|ke**, die Schranken

die **Schrau|be**, die Schrauben; der Schraubendreher; schrauben

schreck|lich; schreckhaft; der Schreck [Schrecken]; erschrecken

schrei|ben, er schreibt, ich schrieb, ich habe geschrieben; die Schreibmaschine

schrei|en, sie schreit, ich schrie, ich habe geschrien [geschrieen]; der Schrei, die Schreie

der **Schrei|ner** (Tischler), die Schreiner; die Schreinerin

schrei|ten, er schreitet, ich schritt, ich bin geschritten

die **Schrift**, die Schriften; der Schriftsteller; die Schriftstellerin; schriftlich

schrill; ein schriller Ton

der **Schritt**, die Schritte; das Schritttempo; schrittweise

schroff (barsch; steil)

der [das] **Schrot**; das Schrotbrot; die Schrotflinte; schroten

der **Schrott**; der Schrottplatz

schrub|ben, er schrubbt; der Schrubber

schrump|fen

die **Schub|kar|re** [der Schubkarren], die Schubkarren

die **Schub|la|de**, die Schubladen

schub|sen [schupsen], sie schubst

schüch|tern; die Schüchternheit

der **Schuft** (Schurke), die Schufte

schuf|ten (hart arbeiten), er schuftet

der **Schuh**, die Schuhe; ein Paar Schuhe

die **Schuld**; der Schuldige; es ist meine Schuld; ich bin schuld; schuldig; schuldbewusst; schuldlos

die **Schuld**, die Schulden; ich habe Schulden

die **Schu|le**, die Schulen; schulfrei; die Schularbeiten; das Schuljahr

der **Schü|ler**, die Schüler; die Schülerin, die Schülerinnen

die **Schul|ter**, die Schultern; das Schulterblatt; schultern

schum|meln, sie schummelt

der **Schund** (Wertloses)

die **Schup|pe**, die Schuppen

der **Schup|pen**, die Schuppen

schup|sen [schubsen], er schupst; der Schups; die Schupserei

die **Schürf|wun|de**

der **Schur|ke**, die Schurken

die **Schür|ze**, die Schürzen

der **Schuss**, die Schüsse

die **Schüs|sel**, die Schüsseln

schus|se|lig [schusslig]

der **Schus|ter**, die Schuster

der **Schutt**; der Schutthaufen

der **Schüt|tel|frost**

schüt|teln, er schüttelt

schüt|ten, sie schüttet

der **Schutz**; der Umweltschutz; die Schutzimpfung; schutzlos

der **Schüt|ze**, die Schützen; das Schützenfest

schüt|zen; sie schützt ihn

Schwa|ben; der Schwabe, die Schwaben, die Schwäbin; schwäbisch

schwach, schwächer, am schwächsten; schwächlich; die Schwäche, die Schwächen

der **Schwa|ger**, die Schwäger; die Schwägerin

die **Schwal|be**, die Schwalben

der **Schwamm**, die Schwämme; schwammig

der **Schwan**, die Schwäne

die **Schwan|ger|schaft**, die Schwangerschaften; schwanger

schwan|ken, er schwankt

der **Schwanz**, die Schwänze

schwän|zen, sie schwänzt; ich schwänzte die Schule

der **Schwarm**, die Schwärme; schwärmen, er schwärmt

die **Schwar|te**, die Schwarten; die Speckschwarte

schwarz; schwarzfahren; der Schwarzwald

schwat|zen [schwätzen], er schwatzt [schwätzt]; der Schwätzer; die Schwätzerin

schwe|ben, sie schwebt

Schwe|den; der Schwede, die Schweden, die Schwedin; schwedisch

der **Schwe|fel**; schwefelgelb

schwei|gen, er schweigt, ich schwieg, ich habe geschwiegen; das Schweigen; schweigsam

das **Schwein**, die Schweine

der **Schweiß**; der Schweißtropfen

schwei|ßen, er schweißt; der Schweißer

die **Schweiz**; der Schweizer, die Schweizer, die Schweizerin; schweizerisch

schwe|len; der Schwelbrand

die **Schwel|le**, die Schwellen

schwel|len; der Fuß schwillt; er schwoll, er ist geschwollen; die Schwellung

schwen|ken, sie schwenkt
schwer; schwerfällig; schwerhörig; es schwer haben
Schwe|rin
das **Schwert**, die Schwerter
die **Schwes|ter**, die Schwestern
die **Schwie|ger|el|tern**; die Schwiegermutter; der Schwiegervater
die **Schwie|le**, die Schwielen
schwie|rig; die Schwierigkeit
schwim|men, er schwimmt, ich schwamm, ich bin geschwommen; der Schwimmer; die Schwimmerin; rückenschwimmen

schwin|deln (lügen), sie schwindelt; der Schwindler; die Schwindlerin
schwind|lig [schwindelig]; mir schwindelt; schwindelfrei
schwin|gen, er schwingt, ich schwang, ich habe geschwungen
schwir|ren; die Vögel schwirren
schwit|zen, er schwitzt
schwö|ren, sie schwört, ich schwor, ich habe geschworen
schwül; die Schwüle

der **Schwung**, die Schwünge; schwungvoll; das Schwungrad
der **Schwur**, die Schwüre
sechs; sechzehn; sechzig; ein Sechstel; die Sechs; der Sechser
der **See** (Binnensee), die Seen
die **See** (Meer); die Nordsee; der Seemann; die Seeleute; die Seefahrt; seekrank
die **See|le**, die Seelen; seelenruhig
das **Se|gel**, die Segel; das Segelboot; das Segelflugzeug; segeln
seg|nen; der Segen
se|hen, er sieht, ich sah, ich habe gesehen; sieh!, seht!; sehenswert; sehenswürdig
die **Seh|ne**, die Sehnen
sich **seh|nen**, er sehnt sich; die Sehnsucht; sehnsüchtig
sehr; sehr gut; sehr viel
seicht (flach)
seid → sein; seid ruhig!
die **Sei|de**; das Seidenpapier
die **Sei|fe**, die Seifen
das **Seil**, die Seile; die Seilbahn
sein; sein Buch; seine; seiner
sein (lieb sein), ich bin, du bist, er ist, wir sind, ihr seid, sie sind; sei still!; ich war, du warst

seit; seit gestern; seitdem

die **Sei|te**, die Seiten; seitlich; seitwärts; seitenlang

der **Sek|re|tär [Se|kre|tär]**, die Sekretäre; die Sekretärin; das Sekretariat

der **Sekt**; die Sektflasche

die **Sek|te** (religiöse Gemeinschaft), die Sekten

die **Se|kun|de** [Sek.], die Sekunden; der Sekundenzeiger; sekundenlang

sel|ber [selbst]; selber machen; selbst gemacht; selbstbewusst; das Selbstbewusstsein; selbstständig; selbstverständlich

der **Selbst|laut** (Vokal), die Selbstlaute

se|lig; die Seligkeit

der [die] **Sel|le|rie**

sel|ten; die Seltenheit; seltsam

das **Se|mi|ko|lon** (Strichpunkt), die Semikolons

die **Sem|mel**, die Semmeln

der **Se|nat** (Regierungsbehörde), die Senate; der Senator, die Senatoren; die Senatorin

sen|den; er sendet den Brief; ich sandte [ich sendete], ich habe gesandt [ich habe gesendet]; der Sender; die Sendung

der **Senf**; die Senfgurke

der **Se|ni|or** (älterer Mensch), die Senioren

sen|ken; sie senkt den Kopf

senk|recht; die Senkrechte

die **Sen|sa|ti|on**, die Sensationen; sensationell

die **Sen|se**, die Sensen

sen|si|bel (feinfühlig)

se|pa|rat (gesondert)

der **Sep|tem|ber**

die **Se|rie** (Reihe), die Serien

se|ri|ös (anständig)

die **Ser|pen|ti|ne** (scharfe Kurve am Berg), die Serpentinen

das **Ser|vice** (Geschirr)

der **Ser|vice** (Kundendienst)

ser|vie|ren, er serviert

die **Ser|vi|et|te**, die Servietten

der **Ses|sel**, die Sessel

das [der] **Set** (Zusammengehöriges), die Sets; das Tischset

sich **set|zen**, sie setzt sich; der Setzling; besetzt

die **Seu|che**, die Seuchen

seuf|zen, er seufzt; der Seufzer

der **Se|xu|al|un|ter|richt**; der Sex; sexy

das **Sham|poo**, die Shampoos

der **She|riff**, die Sheriffs

der **Shop** (Geschäft), die Shops
die **Shorts** (kurze Hose)
die **Show** (Schau), die Shows; der Showmaster
sich; er freut sich
si|cher, sicherer, am sichersten; sicherlich; sichern; die Sicherheit; die Sicherung; die Sicherheitsnadel
die **Sicht**; sichtbar
si|ckern; versickern
sie; sie geht; sie gehen
das **Sieb**, die Siebe; Mehl sieben
sie|ben; siebzehn; siebzig; siebtens
sie|den; der Siedepunkt
die **Sied|lung**; siedeln; der Aussiedler; die Aussiedlerin
das **Sie|gel**, die Siegel; versiegeln; der Siegellack
sie|gen, er siegt; siegreich; der Sieg; der Sieger; die Siegerin; die Siegerehrung
er **sieht** → sehen
das **Sig|nal [Si|gnal]**, die Signale
die **Sil|be**, die Silben; das Silbenrätsel
das **Sil|ber**; silbern; silbrig
der [das] **Si|lo** (Großspeicher], die Silos
der [das] **Sil|ves|ter**
sim|pel (einfach)
sind → sein; wir sind da

sin|gen; er singt ein Lied, ich sang, ich habe gesungen
der **Sin|gle [Sing|le]** (allein lebender Mensch), die Singles
der **Sin|gu|lar** (Einzahl)
sin|ken, er sinkt, ich sank, ich bin gesunken; versunken
der **Sinn**, die Sinne; sinnlos
die **Sint|flut**
die **Sip|pe**, die Sippen
die **Si|re|ne**, die Sirenen
der **Si|rup**
die **Sit|te**, die Sitten; sittsam
die **Si|tu|a|ti|on**, die Situationen
sit|zen, sie sitzt, ich saß, ich habe gesessen; der Sitz, die Sitze; die Sitzung; der Sitzplatz; in der Schule sitzen bleiben
die **Ska|la** (Maßeinteilung), die Skalen
der **Skan|dal**, die Skandale
Skan|di|na|vi|en; der Skandinavier, die Skandinavier, die Skandinavierin; skandinavisch
der **Skat** (Kartenspiel)
das **Skate|board**, die Skateboards
das **Ske|lett**, die Skelette

der **Sketsch** [Sketch], die Sketsche
der **Ski** [Schi]; Ski laufen
die **Skiz|ze**, die Skizzen; skizzieren
der **Skla|ve**, die Sklaven
Skop|je (Hauptstadt von Makedonien)
der **Sla|lom**, die Slaloms
der **Slip**, die Slips
Slo|wa|kei; der Slowake; slowakisch
Slo|we|ni|en; der Slowene; slowenisch
der **Smog** (Dunstglocke); der Smogalarm
die **SMS** (kurze Nachricht beim Handy); die SMS-Nachricht
das **Snow|board**, die Snowboards; snowboarden
so; so viele; sodass [so dass]
so|bald
die **So|cke** [der Socken], die Socken; das Söckchen

der **So|ckel**, die Sockel
das **Sod|bren|nen**
so|e|ben; er kam soeben (vor einem Augenblick)
das **So|fa**, die Sofas
So|fia (Hauptstadt von Bulgarien)
so|fort; ich gehe sofort
das **Soft|eis**
die **Soft|ware** (Computerprogramm)
so|gar

so|gleich (sofort)
die **Soh|le**, die Sohlen
der **Sohn**, die Söhne
so|lan|ge; solange ich krank war, …; aber: du musst so lange warten, bis …
die **So|lar|e|ner|gie** (Sonnenenergie)
solch, solcher, solche, solches
der **Sol|dat**, die Soldaten
sol|len, du sollst, ich sollte, ich habe gesollt
das **So|lo**, die Soli [Solos]; der Solist; die Solistin; solo
der **Som|mer**, die Sommer; die Sommerferien; sommerlich
das **Son|der|an|ge|bot**, die Sonderangebote
son|der|bar
son|dern; nicht ich, sondern du
der **Song** (Lied), die Songs
der **Sonn|a|bend**; sonnabends; am Sonnabendmittag
die **Son|ne**, die Sonnen; sonnig; sich sonnen; die Sonnenblume
der **Sonn|tag**; am Sonntag; sonntags; sonntäglich; Sonntagabend
sonst; sonstwie; sonstwo
so|oft
sor|gen, er sorgt; die Sorge, die Sorgen; sorgfältig; sorglos

die **Sor|te**, die Sorten; sortieren

SOS (Hilferuf); der SOS-Ruf

die **So|ße** [Sauce], die Soßen

das **Sou|ve|nir** (Andenken), die Souvenirs

so|viel; soviel ich weiß, ...; aber: er hat so viel Zeit, dass ...

so|wie (und)

so|wohl ... als auch ...

so|zi|al; die Sozialhilfe

der **Spach|tel**, die Spachtel [Spachteln]; spachteln

die **Spa|get|ti** [Spaghetti]

spä|hen, er späht; der Späher

der **Spalt** [die Spalte], die Spalten; spalten

der **Span**, die Späne

die **Span|ge**, die Spangen; die Haarspange

Spa|ni|en; der Spanier, die Spanier, die Spanierin; spanisch

span|nen; du spannst die Leine

die **Span|nung**; spannend

spa|ren, sie spart; das Sparbuch; die Spardose; die Sparkasse; sparsam; spärlich (dürftig); die Sparsamkeit

der **Spar|gel**, die Spargel

der **Spaß**, die Späße; der Spaßvogel; spaßen, er spaßt; spaßig

spät, später, am spätesten; spätestens; verspätet

der **Spa|ten**, die Spaten

der **Spatz**, die Spatzen

spa|zie|ren; spazieren gehen, er geht spazieren; der Spaziergang

der **Specht**, die Spechte

der **Speck**; speckig

der **Speer**, die Speere

die **Spei|che** (Teil des Rades), die Speichen

der **Spei|chel** (Spucke)

der **Spei|cher**, die Speicher; speichern

die **Spei|se**, die Speisen; die Speisekarte [Speisenkarte]; speisen, sie speist

spen|den; die Spende; der Spender; die Spenderin; spendieren; spendabel

der **Sper|ling** (Spatz), die Sperlinge

sper|ren; du sperrst den Weg; die Sperre, die Sperren

der **Spe|zi|a|list** (Fachmann), die Spezialisten; die Spezialistin; speziell

spi|cken; der Spickzettel

der **Spie|gel**, die Spiegel; das Spiegelbild; spiegeln; spiegelglatt; spiegelbildlich

spie|len, sie spielt; gespielt;
das Spiel, die Spiele; der Spieler;
der Spielplatz; das Spielzeug

der **Spieß**, die Spieße

der **Spi|nat**

die **Spin|del**, die Spindeln

die **Spin|ne**, die Spinnen

spin|nen, er spinnt, ich spann, ich habe gesponnen

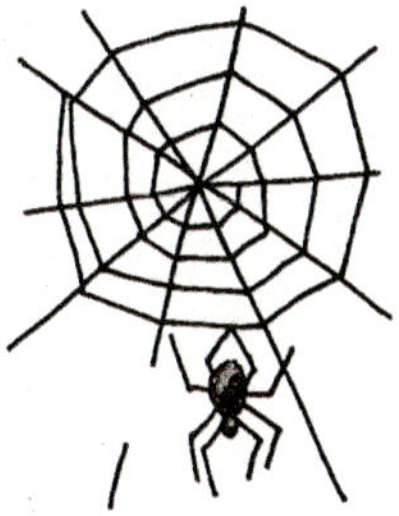

der **Spi|on**, die Spione; spionieren

die **Spi|ra|le**, die Spiralen

spitz, spitzer, am spitzesten;
spitzen; du spitzt den Stift

die **Spit|ze**, die Spitzen; der Spitzname

der **Spit|zel**, die Spitzel

der **Splitt** (kleine Steinchen)

der **Split|ter**, die Splitter; splittern;
splitternackt

der **Spon|sor** (Geldgeber),
die Sponsoren

der **Sport**; sportlich; der Sportler;
die Sportlerin; der Sportplatz

spot|ten, sie spottet, ich spottete,
ich habe gespottet;
der Spott; spöttisch; spottbillig

die **Spra|che**, die Sprachen;
sprachlich; sprachlos

Sp

der [das] **Spray**, die Sprays;
die Spraydose; der Haarspray

spre|chen, er spricht, ich sprach,
ich habe gesprochen; sprich!;
der Sprecher; die Sprecherin;
die Sprechstunde

sprei|zen, sie spreizt die Finger

spren|gen, er sprengt;
die Sprengung; der Sprengstoff

das **Sprich|wort**, die Sprichwörter

sprie|ßen; das Gras sprießt,
es spross, es ist gesprossen

sprin|gen, sie springt, ich sprang,
ich bin gesprungen

sprin|ten (schnell laufen);
der Sprinter; die Sprinterin; der Sprint

der **Sprit** (Treibstoff)

sprit|zen, er spritzt; die Spritze;
der Spritzer

spröd [spröde]; spröde Lippen

die **Spros|se**, die Sprossen;
die Sprossenwand

der **Spruch**, die Sprüche

der **Spru|del**, die Sprudel;
sprudeln; die Quelle sprudelt

sprü|hen, sie sprüht;
die Sprühdose; der Sprühregen

der **Sprung**, die Sprünge;
sprunghaft; springen

spu|cken, er spuckt; die Spucke
spu|ken, es spukt; der Spuk
die **Spu|le**, die Spulen
spü|len, sie spült; die Spülmaschine; die Spülung
die **Spur**, die Spuren; spurlos
spü|ren, er spürt
der **Spurt** (schneller Lauf); der Endspurt; spurten
sich **spu|ten** (beeilen), er sputet sich
St. [Sankt]; St. Martin
der **Staat**, die Staaten; staatlich; der Staatsbürger; die Staatsbürgerin
der **Stab**, die Stäbe
sta|bil (haltbar)
der **Sta|chel**, die Stacheln; stachelig [stachlig]
das **Sta|di|on**, die Stadien
die **Stadt**, die Städte; städtisch; der Stadtplan
die **Staf|fel**, die Staffeln; der Staffellauf
der **Stahl**, die Stähle; stahlhart
der **Stall**, die Ställe; der Viehstall

der **Stamm**, die Stämme; das Stammbuch; stämmig
stam|meln, er stammelt
stamp|fen, sie stampft
der **Stand**, die Stände; der Ständer; der Standpunkt; standhaft; im Stande [imstande] sein
stän|dig (dauernd)
die **Stan|ge**, die Stangen
der **Stän|gel**, die Stängel
stän|kern, du stänkerst
der **Sta|pel**, die Stapel; stapeln
stap|fen, du stapfst
der **Star** (Vogel), die Stare
der **Star** (Künstler), die Stars
stark, stärker, am stärksten; die Stärke; die Stärkung; (sich) stärken; gestärkt
starr (unbeweglich); starren, er starrt
der **Start**, die Starts; starten; der Fehlstart; die Startbahn
die **Sta|ti|on**, die Stationen
das **Sta|tiv**, die Stative
statt (anstatt); stattdessen
statt|fin|den → finden
statt|lich
die **Sta|tue** (Standbild), die Statuen
der **Stau**, die Staus; sich stauen; der Staudamm; der Stausee

der **Staub**; stauben; staubig;
Staub saugen [staubsaugen],
er saugt Staub; der Staubsauger

die **Stau|de** (winterfeste Pflanze),
die Stauden

stau|nen, sie staunt

das **Steak**, die Steaks

ste|chen, er sticht, ich stach,
ich habe gestochen; stich nicht!

ste|cken, du steckst;
die Steckdose; der Stecker

der **Steg**, die Stege

ste|hen, er steht, ich stand,
ich habe [bin] gestanden;
stehen bleiben; der Stehplatz

steh|len, sie stiehlt, ich stahl,
ich habe gestohlen; stiehl nicht!

steif

stei|gen, er steigt, ich stieg,
ich bin gestiegen;
der Steig (steiler Weg); die Steigung

stei|gern; die Steigerung

steil; der Steilhang

der **Stein**, die Steine; steinig;
steinalt; steinhart

stel|len, sie stellt; die Stelle

die **Stel|ze**, die Stelzen; stelzen

stem|men, er stemmt

der **Stem|pel**, die Stempel; stempeln

die **Stepp|de|cke**, die Steppdecken

die **Step|pe**, die Steppen

ster|ben, sie stirbt, sie starb,
sie ist gestorben; sterbenskrank

die **Ste|re|o|an|la|ge**, die Stereoanlagen

ste|ril (keimfrei); ein steriler Verband

der **Stern**, die Sterne;
sternenklar

ste|tig (beständig)

stets (immer)

das **Steu|er** (zum Lenken),
die Steuer;
steuern; er steuert das Auto

die **Steu|er** (Abgabe), die Steuern

der **Ste|ward**, die Stewards;
die Stewardess

der **Stich**, die Stiche; das Stichwort;
im Stich lassen; sticheln

sti|cken, sie stickt; die Stickerei;
das Stickgarn

sti|ckig; stickige Luft

der **Stie|fel**, die Stiefel;
ein Paar Gummistiefel; stiefeln

die **Stief|el|tern**; die Stiefmutter;
der Stiefvater; der Stiefsohn;
das Stiefmütterchen (Blume)

die **Stie|ge** (schmale Treppe),
die Stiegen

der **Stiel**, die Stiele

der **Stier**, die Stiere
der **Stift**, die Stifte; der Buntstift
stif|ten (schenken); die Stiftung
still; die Stille; stillschweigend
stil|len; sie stillt den Säugling
die **Stim|me**, die Stimmen
stim|men; es stimmt genau
die **Stim|mung**; stimmungsvoll
stin|ken, es stinkt, es stank, es hat gestunken; stinkfaul
stip|pen; er stippt das Brot
die **Stirn**, die Stirnen
stö|bern, sie stöbert
sto|chern, er stochert
der **Stock** (Stab), die Stöcke
der **Stock** (Etage); erster Stock; zweistöckig; das Stockwerk
stock|dun|kel; stockfinster
sto|cken; der Verkehr stockt
Stock|holm (Hauptstadt von Schweden)
der **Stoff**, die Stoffe; der Stofffetzen
stöh|nen, sie stöhnt
der **Stol|len**, die Stollen
stol|pern; ich bin gestolpert
stolz, stolzer, am stolzesten; der Stolz; stolzieren
stop|fen; der Stopfen; die Stopfnadel
die **Stop|pel**, die Stoppeln

stop|pen, sie stoppt; der Stopp; das Stoppschild; die Stoppuhr
der **Stöp|sel**, die Stöpsel
der **Storch**, die Störche
stö|ren; er stört mich; die Störung; die Bildstörung
stör|risch; der störrische Esel
die **Sto|ry** (Geschichte), die Storys
sto|ßen, sie stößt, ich stieß, ich habe gestoßen; der Stoß; die Stoßstange; abstoßend
stot|tern, er stottert
die **Stra|fe**, die Strafen; der Sträfling; strafen; strafbar; sträflich
straff
strah|len, sie strahlt; der Strahl; die Strahlen; die Strahlung; strahlend
die **Sträh|ne**, die Strähnen; strähnig
stramm
stram|peln, er strampelt; das Strampelhöschen
der **Strand**, die Strände; stranden; das Schiff strandet
der **Strang**, die Stränge
die **Stra|pa|ze**, die Strapazen; strapazieren
die **Stra|ße**, die Straßen; die Straßenbahn; die Straßenecke

sich **sträu|ben**, sie sträubt sich
der **Strauch**, die Sträucher; der Brombeerstrauch
der **Strauß**, die Sträuße; der Blumenstrauß
der **Strauß** (Vogel), die Strauße
stre|ben, er strebt; der Streber; die Streberin; strebsam

die **Stre|cke**, die Strecken
stre|cken, sie streckt
der **Streich**, die Streiche
strei|cheln, er streichelt
strei|chen, sie streicht die Tür; ich strich, ich habe gestrichen
das **Streich|holz**, die Streichhölzer
strei|fen; gestreift; der Streifen, die Streifen; die Streife; die Polizeistreife
strei|ken, er streikt; der Streik
strei|ten, sie streitet, ich stritt, ich habe gestritten; der Streit; die Streiterei
streng, strenger, am strengsten; die Strenge
der **Stress** (Überbeanspruchung)

streu|en, er streut; die Streu (Stroh); die Streuung
streu|nen; der Hund streunt
der **Streu|sel|ku|chen**, die Streuselkuchen
der **Strich**, die Striche
der **Strick**, die Stricke
stri|cken; die Stricknadel
der **Strie|men**, die Striemen
das **Stroh**; der Strohhalm
der **Strolch**, die Strolche; strolchen
der **Strom** (Fluss), die Ströme; strömen; die Strömung; stromabwärts
der **Strom**; die Stromleitung
die **Stro|phe**, die Strophen
strot|zen; er strotzt vor Kraft
strub|be|lig; eine strubbelige Frisur
der **Stru|del**, die Strudel; strudeln
der **Strumpf**, die Strümpfe
strup|pig; ein struppiges Fell
der **Struw|wel|pe|ter**
die **Stu|be**, die Stuben
das **Stück**, die Stücke
stu|die|ren; das Studium; der Student; die Studentin
das **Stu|dio**, die Studios
die **Stu|fe**, die Stufen
der **Stuhl**, die Stühle
die **Stul|le** (Brotscheibe), die Stullen

Stu bis Su

stül|pen (umdrehen)
stumm; verstummen
stumpf; der Stumpfsinn
der **Stumpf**, die Stümpfe; der Baumstumpf
die **Stun|de**, die Stunden; der Stundenplan; die Viertelstunde; stundenlang; stündlich
stup|sen (stoßen), sie stupst mich; die Stupsnase
stur; die Sturheit
der **Sturm**, die Stürme; der Stürmer; die Stürmerin; stürmisch; stürmen
stür|zen, er stürzt; der Sturz, die Stürze; der Sturzhelm
die **Stu|te**, die Stuten
Stutt|gart
stut|zen, sie stutzt; stutzig
stüt|zen, sie stützt ihn
das **Sub|jekt**, die Subjekte
das **Sub|stan|tiv** (Namenwort, Nomen), die Substantive
sub|tra|hie|ren (abziehen); die Subtraktion
su|chen, er sucht; die Suche
die **Sucht**, die Süchte; süchtig
Süd|a|me|ri|ka; der Südamerikaner; südamerikanisch

Su bis Sz

der **Sü|den**; südlich; die Südfrucht; Süddeutschland
süh|nen; die Sühne
die **Sül|ze**
die **Sum|me**, die Summen
sum|men; sie summt ein Lied
der **Sumpf**, die Sümpfe; sumpfig
die **Sün|de**, die Sünden; sündigen
su|per; der Supermarkt
die **Sup|pe**, die Suppen
sur|fen, er surft; das Surfbrett

sur|ren; die Maschine surrt
süß, süßer, am süßesten; süßen; süßlich; die Süßigkeit
das **Sweat|shirt**, die Sweatshirts
der **Swim|ming|pool**, die Swimmingpools
das **Sym|bol** (Zeichen), die Symbole
sym|met|risch [sym|me|trisch] (spiegelgleich)
die **Sym|pa|thie** (Zuneigung), die Sympathien; sympathisch
die **Sy|na|go|ge [Syn|a|go|ge]** (jüdisches Gotteshaus), die Synagogen
das **Sys|tem**, die Systeme; systematisch
die **Sze|ne**, die Szenen

der **Ta|bak**; die Tabakspfeife
die **Ta|bel|le**, die Tabellen
das **Ta|blett [Tab|lett]**, die Tabletts
die **Ta|blet|te [Tab|let|te]**, die Tabletten
der **Ta|cho** (Geschwindigkeitsmesser), die Tachos
ta|deln, er tadelt; der Tadel, die Tadel; tadellos
die **Ta|fel**, die Tafeln
der **Tag**, die Tage; eines Tages; tagelang; täglich; tagsüber
die **Ta|ges|schau**
die **Ta|gung**, die Tagungen; tagen
die **Tail|le**, die Taillen; tailliert
der **Takt**, die Takte; taktlos; taktvoll
das **Tal**, die Täler; die Talsperre
der **Ta|lar** (Amtskleid), die Talare
das **Ta|lent**, die Talente; talentiert
der **Ta|ler** (Silbergeld), die Taler
der **Talg** (Rinderfett), die Talge
der **Ta|lis|man** (Glücksbringer), die Talismane
der **Talk|mas|ter** (Fernsehmoderator), die Talkmaster
die **Talk|show**, die Talkshows
Tal|linn (Hauptstadt von Estland)
das **Tan|dem** (Fahrrad für zwei Personen), die Tandems
tan|ken, sie tankt; der Tank, die Tanks; die Tankstelle; der Tankwart
die **Tan|ne**, die Tannen; der Tannenzapfen
die **Tan|te**, die Tanten
tan|zen, er tanzt; tänzeln; das Pferd tänzelt; der Tanz, die Tänze; der Tänzer; die Tänzerin
die **Ta|pe|te**, die Tapeten; tapezieren
tap|fer, tapferer, am tapfersten; die Tapferkeit
tap|pen; sie tappt im Dunkeln
tap|sig; tapsen
tar|nen; er tarnt das Versteck; die Tarnung; die Tarnkappe
die **Ta|sche**, die Taschen; das Taschengeld; das Taschentuch
die **Tas|se**, die Tassen
die **Tas|te**, die Tasten; die Tastatur
tas|ten, er tastet

die **Tat**, die Taten; in der Tat;
der Täter; die Täterin;
der Tatort; der Tatbestand

das **Tä|tig|keits|wort** (Verb, Tunwort),
die Tätigkeitswörter

die **Tat|sa|che**, die Tatsachen;
tatsächlich

die **Tat|ze**, die Tatzen

das **Tau** (dickes Seil), die Taue;
das Tauziehen

der **Tau**; der Tautropfen

taub; die Taubheit; taubstumm;
der Taubstumme

die **Tau|be**, die Tauben

tau|chen, sie taucht;
der Taucher; die Taucherin;
der Tauchsieder

tau|en, es taut; das Tauwetter

die **Tau|fe**, die Taufen; der Taufname
(Vorname); der Taufpate;
die Taufpatin; taufen;
er wurde getauft

tau|gen; es taugt nichts;
der Taugenichts; tauglich

tau|meln (schwanken),
er taumelt; der Taumel

tau|schen, sie tauscht; der Tausch

täu|schen; er täuscht ihn;
die Täuschung

tau|send; tausende Autos;
der tausendste Zuschauer;
tausendfach; der Tausender;
der Tausendfüßler

das **Ta|xi** [die Taxe], die Taxis [Taxen];
der Taxifahrer; die Taxifahrerin

das **Team** (Arbeitsgruppe), die Teams;
die Teamarbeit

die **Tech|nik**, die Techniken;
der Techniker; die Technikerin;
technisch; die Technologie

der **Ted|dy** (Teddybär), die Teddys

der **Tee**, die Tees; die Teekanne;
der Teelöffel

der **Teen|a|ger [Tee|na|ger]**,
die Teenager

der **Teer**; die Teerpappe; teeren

der **Teich** (Gewässer), die Teiche

der **Teig** (Kuchenteig), die Teige

tei|len, sie teilt; der [das] Teil,
die Teile; teilbar; die Teilung;
teils … teils …; teilweise

teil|neh|men → nehmen;
die Teilnahme; der Teilnehmer;
die Teilnehmerin

das **Te|le|fax** → Fax

das **Te|le|fon**, die Telefone;
die Telefonzelle; die Telefonkarte;
telefonieren; telefonisch

das **Te|le|gramm**, die Telegramme

das **Te|les|kop [Te|le|skop]** (Fernrohr), die Teleskope

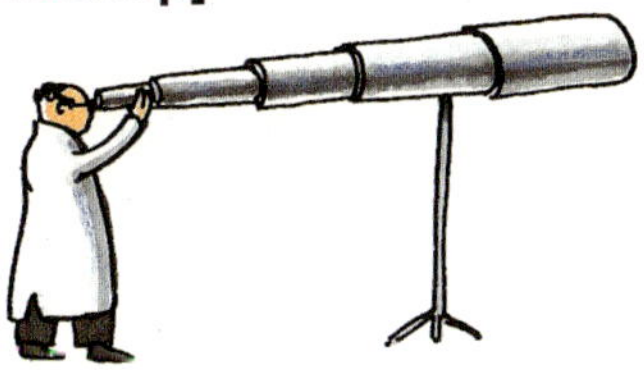

der **Tel|ler**, die Teller

der **Tem|pel**, die Tempel

das **Tem|pe|ra|ment**, die Temperamente; temperamentvoll

die **Tem|pe|ra|tur**, die Temperaturen

das **Tem|po**, die Tempos [Tempi]

das **Ten|nis**; Tennis spielen; das Tennisspiel; der Tennisschläger

der **Tep|pich**, die Teppiche; der Teppichboden

der **Ter|min**, die Termine

das **Ter|ra|ri|um** (Glasbehälter für Tiere), die Terrarien

die **Ter|ras|se**, die Terrassen

der **Ter|ri|er** (Hunderasse), die Terrier; der Foxterrier

die **Ter|ri|ne** (Suppenschüssel), die Terrinen

der **Ter|ror**; der Terrorismus; der Terrorist (Gewalttäter), die Terroristen; die Terroristin

das **Tes|ta|ment**, die Testamente

tes|ten, er testet; der Test, die Tests [Teste]

teu|er, teurer, am teuersten

der **Teu|fel**, die Teufel; teuflisch

der **Text**, die Texte

die **Tex|ti|li|en** (Stoffwaren)

das **The|a|ter**, die Theater; das Theaterstück

die **The|ke**, die Theken

das **The|ma**, die Themen [Themata]; thematisch

die **The|o|rie**, die Theorien; theoretisch

das **Ther|mal|bad** (Warmbad), die Thermalbäder

das **Ther|mo|me|ter**, die Thermometer

die **Ther|mos|fla|sche**, die Thermosflaschen

der **Thron**, die Throne

der **Thun|fisch** [Tunfisch], die Thunfische

Thü|rin|gen; der Thüringer, die Thüringer, die Thüringerin; thüringisch

ti|cken, es tickt; einen Tick haben

das **Ti|cket** (Fahrkarte), die Tickets

tief, tiefer, am tiefsten; tiefgefroren; tiefgekühlt; die Tiefe; die Tiefkühltruhe

das **Tier**, die Tiere; der Tierschutz; der Tierarzt; die Tierärztin der **Ti|ger**, die Tiger

die **Tin|te**, die Tinten; der Tintenfleck; der Tintenklecks; der Tintenkiller

der **Tipp**, die Tipps; gute Tipps geben

tip|pen, er tippt; der Tippfehler; der Tippschein

Ti|ra|na (Hauptstadt von Albanien)

der **Tisch**, die Tische; das Tischset; das Tischtuch; das Tischtennis

der **Tisch|ler** (Schreiner), die Tischler; die Tischlerin; die Tischlerei

der **Ti|tel**, die Titel; das Titelbild; das Titelblatt

der **Toast**, die Toaste [Toasts]; der Toaster; das Toastbrot; toasten; sie toastet Brot

to|ben, er tobt; tobsüchtig

die **Toch|ter**, die Töchter

der **Tod**; tödlich; der Todesfall; todkrank; todmüde

die **To|i|let|te**, die Toiletten; das Toilettenpapier

die **To|le|ranz**; tolerant; tolerieren

toll; tollen, sie tollt herum; die Tollwut (Krankheit); tollwütig

der **Toll|patsch**; tollpatschig

der **Töl|pel**, die Tölpel; tölpelhaft

die **To|ma|te**, die Tomaten

die **Tom|bo|la** (Verlosung)

der **Ton**, die Töne; die Tonleiter; tönen; die Glocke tönt

der **Ton** (Bodenart); das Tongeschirr

der **Ton** (Farbton); die Tönung

die **Ton|ne**, die Tonnen

der **Topf**, die Töpfe; der Töpfer; die Töpferin

das **Tor**, die Tore; der Torwart

der **Tor** (Narr), die Toren; die Torheit; töricht

der **Torf**; der Torfmull

tor|keln, er torkelt

der **Tor|na|do** (Wirbelsturm), die Tornados

der **Tor|nis|ter**, die Tornister

die **Tor|te**, die Torten

to|sen; der Sturm tost

tot; er ist tot; töten; der Tote, die Toten; die Tote; totenblass; totenstill; totschießen; sich totlachen

to|tal (völlig); der Totalschaden

das [der] **To|to**; der Totoschein

die **Tour** (Fahrt, Wanderung), die Touren; die Radtour

der **Tou|rist**, die Touristen; die Touristin; der Tourismus

tra|ben; der Trab
die **Tracht**, die Trachten;
die Tracht Prügel
die **Tra|di|ti|on** (Brauch), die Traditionen;
traditionell
der **Tra|fo** [Transformator], die Trafos
trä|ge; die Trägheit
tra|gen, er trägt, ich trug,
ich habe getragen; tragbar;
der Träger; die Tragbahre
tra|gisch; ein tragischer Unfall
trai|nie|ren, sie trainiert;
der Trainer; die Trainerin;
das Training; der Trainingsanzug
der **Trak|tor**, die Traktoren
tram|peln, er trampelt;
das Trampeltier
tram|pen
das **Tram|po|lin**, die Trampoline
die **Trä|ne**, die Tränen; tränen
trän|ken; sie tränkt das Vieh;
die Tränke; das Getränk
der **Trans|for|ma|tor** [Trafo],
die Transformatoren
das **Trans|pa|rent**, die Transparente;
transparent (durchsichtig)
der **Trans|port**, die Transporte;
transportieren
das **Tra|pez**, die Trapeze

Tr

trat|schen, er tratscht;
der Tratsch; die Tratscherei
die **Trau|be**, die Trauben;
der Traubensaft
sich **trau|en**; er traut sich nicht
trau|en;
die Trauung (Hochzeit)
trau|ern, er trauert;
die Trauer; die Traurigkeit;
traurig
träu|feln
der **Traum**, die Träume;
träumen; traumhaft;
die Träumerei
der **Tre|cker** (Traktor), die Trecker
tref|fen, er trifft, ich traf,
ich habe getroffen;
triff genau!; treffend;
der Treffer; der Treffpunkt
trei|ben, sie treibt, ich trieb,
ich habe getrieben;
das Treibhaus; der Treibstoff
der **Trend**, die Trends
tren|nen, er trennt; trennbar;
getrennt; die Trennung
die **Trep|pe**, die Treppen;
treppauf, treppab
der **Tre|sen**, die Tresen
der **Tre|sor** (Panzerschrank), die Tresore

A B C D E F G H I J K L M N O P Qu R S T U V W X Y Z

tre|ten, sie tritt, ich trat, ich habe getreten; tritt!; der Tritt, die Tritte

treu, treuer, am treusten [treuesten]; die Treue; treulos; treuherzig

der [das] **Tri|an|gel**, die Triangel

der **Tri|ath|lon** (Dreikampf im Sport)

die **Tri|bü|ne** (Sitzreihen für Zuschauer), die Tribünen

der **Trich|ter**, die Trichter

der **Trick**, die Tricks; der Trickfilm; tricksen

der **Trieb**, die Triebe; treiben

das **Tri|kot**, die Trikots

tril|lern; die Trillerpfeife

trim|men; der Trimmpfad

trin|ken, er trinkt, ich trank, ich habe getrunken; das Getränk; das Trinkgeld

das **Trio** (drei Leute), die Trios

der **Trip** (Kurzreise), die Trips

der **Tritt**, die Tritte; das Trittbrett

der **Tri|umph**, die Triumphe

tro|cken, trockener [trockner], am trockensten; die Trockenheit; trocknen

trö|deln (bummeln), sie trödelt

der **Tröd|ler**; der Trödelladen

die **Trom|mel**, die Trommeln; trommeln, sie trommelt

die **Trom|pe|te**, die Trompeten

die **Tro|pen** (heiße Zone am Äquator); tropisch

trop|fen, es tropft; der Tropfen; tröpfeln, es tröpfelt

der **Trost**; der Trostpreis; trostlos; trösten

der **Trot|tel** (Dummkopf), die Trottel

trotz; trotz der Warnung

der **Trotz**; trotzig

trotz|dem; er tat es trotzdem

trüb [trübe]; trübselig

der **Tru|bel**

die **Tru|he**, die Truhen

die **Trüm|mer** (Mehrzahl); der Trümmerhaufen

der **Trumpf** (Vorteil), die Trümpfe

die **Trup|pe**, die Truppen

die **Tsche|chi|sche Re|pu|blik [Tsche|chi|sche Re|pub|lik]**; der Tscheche, die Tschechen, die Tschechin; tschechisch

tschüs! [tschüss!]
das **T-Shirt**, die T-Shirts
die **Tu|be**, die Tuben
das **Tuch**, die Tücher
tüch|tig; die Tüchtigkeit
die **Tü|cke**; tückisch
die **Tul|pe**, die Tulpen
sich **tum|meln**, sie tummelt sich
der **Tüm|pel**, die Tümpel
der **Tu|mult**, die Tumulte
tun, er tut, ich tat, ich habe getan
der **Tun|fisch** [Thunfisch], die Tunfische
tun|ken (eintauchen), sie tunkt;
die Tunke (Soße)
der **Tun|nel**, die Tunnel [Tunnels]
das **Tun|wort** (Tuwort, Verb)
der **Tup|fen**, die Tupfen; der Tupfer;
tupfen
die **Tür**, die Türen;
die Haustür
die **Tur|bi|ne**, die Turbinen
die **Tür|kei**; der Türke,
die Türken,
die Türkin; türkisch
der **Turm**, die Türme;
turmhoch
tur|nen, sie turnt;
der Turner;
die Turnerin

das **Tur|nier** (Wettkampf),
die Turniere
die **Tu|sche**; tuschen, er tuscht
tu|scheln; sie tuschelt mit ihr
die **Tü|te**, die Tüten
das **Tu|wort** (Tunwort, Verb)
das **TV** [Television] (Fernsehen)
der **Typ**, die Typen; typisch

Ub

A B C D E F G H I J K L M N O P Qu R S T U V W X Y Z

die **U-Bahn** (Untergrundbahn), die U-Bahnen

ü|bel; mir ist übel; ein übler Scherz; das Übel; die Übelkeit; etwas übel nehmen

ü|ben, er übt; die Übung

ü|ber

ü|ber|all

der **Ü|ber|blick**; überblicken

ü|ber|drüs|sig; der Überdruss

ü|ber|ein|an|der [ü|ber|ei|nan|der]

ü|ber|fah|ren → fahren

ü|ber|fal|len → fallen; der Überfall, die Überfälle

der **Ü|ber|fluss**; überflüssig

ü|ber|for|dern; die Überforderung

der **Ü|ber|gang**, die Übergänge

ü|ber|ge|ben → geben

ü|ber|haupt

ü|ber|heb|lich

ü|ber|ho|len → holen

ü|ber|hö|ren → hören

ü|ber|le|gen; die Überlegung

ü|ber|lis|ten, sie überlistet

ü|ber|mor|gen; übermorgen früh

ü|ber|mü|det; die Übermüdung

der **Ü|ber|mut**; übermütig

ü|ber|nach|ten; die Übernachtung

ü|ber|neh|men → nehmen

ü|ber|que|ren, er überquert

ü|ber|ra|schen; die Überraschung

ü|ber|re|den → reden

ü|ber|rei|chen → reichen

die **Ü|ber|schrift**, die Überschriften

ü|ber|schwäng|lich; der Überschwang

die **Ü|ber|schwem|mung**, die Überschwemmungen

ü|ber|set|zen; die Übersetzung

die **Ü|ber|sicht**; übersichtlich

die **Ü|ber|stun|de**, die Überstunden

ü|ber|tref|fen → treffen

ü|ber|trei|ben → treiben; die Übertreibung; übertrieben

ü|ber|wäl|ti|gen; überwältigend

ü|ber|wei|sen; die Überweisung

ü|ber|win|den → winden

ü|ber|zeu|gen; die Überzeugung

üb|lich; das ist so üblich

das **U-Boot** (Unterseeboot), die U-Boote

üb|rig; übrig bleiben; übrig lassen

üb|ri|gens
die **Ü|bung**, die Übungen
das **U|fer**, die Ufer; uferlos
das **U|fo**, die Ufos
die **Uhr**, die Uhren; zwölf Uhr; die Uhrzeit; der Uhrzeiger

der **U|hu**, die Uhus
die **U|krai|i|ne [Uk|rai|i|ne]**; der Ukrainer, die Ukrainer, die Ukrainerin; ukrainisch
der **UKW-Sen|der** (Ultrakurzwellensender)
der **Ulk**; ulkig
um; um ein Uhr
um|ar|men; die Umarmung
um|bau|en → bauen; der Umbau
um|dre|hen → drehen; die Umdrehung
um|ein|an|der [um|ei|nan|der]
um|fah|ren → fahren
um|fal|len → fallen
der **Um|fang**; umfangreich
die **Um|fra|ge**, die Umfragen
die **Um|ge|bung**
die **Um|ge|hungs|stra|ße**
der **Um|hang**, die Umhänge; umhängen
um|her; umhergehen

um|keh|ren; umgekehrt
um|kip|pen
der **Um|laut**, die Umlaute (ä, ö, ü)
die **Um|lei|tung**, die Umleitungen; umleiten
der **Um|riss**, die Umrisse
der **Um|schlag**, die Umschläge
um|so besser; umso mehr
um|sonst
um|ständ|lich; unter Umständen
um|tau|schen → tauschen; der Umtausch
der **Um|weg**, die Umwege
die **Um|welt**; der Umweltschutz; die Umweltverschmutzung; umweltfreundlich
um|zie|hen → ziehen; der Umzug, die Umzüge
un|ab|hän|gig
un|an|ge|nehm
un|ar|tig (ungezogen)
un|auf|hör|lich
un|auf|merk|sam; die Unaufmerksamkeit
un|aus|steh|lich
un|barm|her|zig
un|be|dingt
das **Un|be|ha|gen**; unbehaglich
un|be|hol|fen

un|be|kannt

un|be|quem

un|be|schränkt

und; Mann und Frau

un|dank|bar; die Undankbarkeit

un|end|lich; die Unendlichkeit

un|ent|schie|den

un|er|hört

un|er|mess|lich

un|er|träg|lich

un|fä|hig

un|fair

der **Un|fall**, die Unfälle

un|freund|lich

der **Un|fug**; Unfug treiben

Un|garn; der Ungar, die Ungarn, die Ungarin; ungarisch

un|ge|dul|dig; die Ungeduld

un|ge|fähr

un|ge|heu|er; das Ungeheuer

un|ge|hor|sam; der Ungehorsam

un|ge|nau; die Ungenauigkeit

un|ge|nü|gend

un|ge|recht; die Ungerechtigkeit

un|ge|schickt

un|ge|wiss; die Ungewissheit

un|ge|wöhn|lich

das **Un|ge|zie|fer**

un|ge|zo|gen

un|glaub|lich

das **Un|glück**; unglücklich

un|gül|tig

un|heim|lich

un|höf|lich

die **U|ni|form**, die Uniformen

un|in|te|res|sant **[un|in|ter|es|sant]**

die **U|ni|ver|si|tät**, die Universitäten

die **Un|kos|ten**

das **Un|kraut**

un|mög|lich

un|nö|tig

das **Un|recht**

un|ru|hig; die Unruhe

uns; unser; unsere

un|schul|dig; die Unschuld; der Unschuldige

der **Un|sinn**; unsinnig

un|ten; oben und unten

un|ter; untereinander

un|ter|bre|chen → brechen; die Unterbrechung

un|ter|brin|gen → bringen; die Unterbringung

un|ter|ein|an|der **[un|ter|ei|nan|der]**

die **Un|ter|füh|rung**, die Unterführungen

A B C D E F G H I J K L M N O P Qu R S T U V W X Y Z

der **Un|ter|gang**; untergehen; der Sonnenuntergang

der **Un|ter|grund**

un|ter|halb

un|ter|hal|ten → halten; die Unterhaltung; Unterhalt zahlen

das **Un|ter|hemd**, die Unterhemden

un|ter|ir|disch

die **Un|ter|kunft**, die Unterkünfte

un|ter|neh|men; das Unternehmen; unternehmungslustig

der **Un|ter|richt**; unterrichten

un|ter|schei|den; der Unterschied

un|ter|schrei|ben → schreiben

die **Un|ter|schrift**, die Unterschriften

un|ter|strei|chen → streichen

un|ter|stüt|zen; die Unterstützung

die **Un|ter|su|chung**; untersuchen

die **Un|ter|tas|se**, die Untertassen

die **Un|ter|wä|sche**

un|ter|wegs

un|ver|gess|lich

un|ver|hofft

un|ver|nünf|tig; die Unvernunft

un|ver|schämt; die Unverschämtheit

un|ver|ständ|lich

un|ver|züg|lich (sofort)

un|vor|sich|tig

das **Un|wet|ter**, die Unwetter

un|zäh|lig

un|zer|trenn|lich

un|zu|frie|den; die Unzufriedenheit

üp|pig; ein üppiges Essen

ur|alt

die **Ur|groß|el|tern**; der Urgroßvater; der Urenkel; die Urenkelin

der **U|rin** (Harn)

die **Ur|kun|de**, die Urkunden

der **Ur|laub**; der Urlauber; die Urlauberin

die **Ur|ne**, die Urnen; die Wahlurne

die **Ur|sa|che**, die Ursachen

der **Ur|sprung**; ursprünglich

das **Ur|teil**, die Urteile; urteilen

der **Ur|wald**, die Urwälder

die **USA** (Vereinigte Staaten von Amerika) → Amerika

Va|duz (Hauptstadt von Liechtenstein)

der **Va|ga|bund**, die Vagabunden

Val|let|ta (Hauptstadt von Malta)

der **Vam|pir**, die Vampire

die **Va|nil|le**; das Vanilleeis

die **Va|se**, die Vasen

der **Va|ter**, die Väter, Vati; väterlich; das Vaterland; das Vaterunser

der **Ve|ge|ta|ri|er** (Pflanzenkostesser), die Vegetarier; vegetarisch

das **Veil|chen**, die Veilchen

die **Ve|ne** (Blutbahn), die Venen

das **Ven|til**, die Ventile

der **Ven|ti|la|tor**, die Ventilatoren

ver|ab|re|den; die Verabredung

sich **ver|ab|schie|den**

ver|ach|ten; die Verachtung

die **Ve|ran|da**, die Veranden

ver|än|dern; veränderlich; die Veränderung

die **Ver|an|stal|tung**, die Veranstaltungen; veranstalten

die **Ver|ant|wor|tung**; verantworten; verantwortlich sein

das **Verb** (Zeitwort, Tuwort, Tunwort), die Verben

der **Ver|band**, die Verbände; das Verbandzeug [Verbandszeug]

ver|ber|gen → bergen

ver|bes|sern; die Verbesserung

sich **ver|beu|gen**; die Verbeugung

ver|bie|gen → biegen

ver|bie|ten; sie verbietet es, ich verbot, ich habe verboten

ver|bin|den → binden; die Verbindung; verbindlich

ver|blüf|fen; die Verblüffung

ver|blü|hen; die Rose ist verblüht

das **Ver|bot**, die Verbote; das Verbotsschild

ver|brau|chen; der Verbrauch; der Verbraucher

das **Ver|bre|chen**, die Verbrechen; der Verbrecher; die Verbrecherin

ver|brei|ten; die Verbreitung

ver|bren|nen, es verbrannte; die Verbrennung

ver|brü|hen

der **Ver|dacht**; verdächtigen; verdächtig

ver|dau|en; die Verdauung

das **Ver|deck**; verdecken
ver|der|ben, es verdirbt, es verdarb, es ist verdorben; das Verderben; verderblich
ver|die|nen; der Verdienst (Lohn)
ver|dop|peln; die Verdoppelung
ver|drän|gen, er verdrängt
ver|drie|ßen; es verdrießt mich, es verdross mich, es hat mich verdrossen; der Verdruss; verdrießlich
ver|dün|nen; er verdünnt die Farbe
ver|duns|ten, es verdunstet; die Verdunstung
ver|durs|ten, er verdurstet
ver|dutzt (verwirrt)

ver|eh|ren; die Verehrung
der **Ver|ein**, die Vereine; vereinen
ver|ein|ba|ren; die Vereinbarung
sich **ver|fah|ren** → fahren
ver|fas|sen; der Verfasser; die Verfasserin; die Verfassung
ver|fil|men; die Verfilmung
ver|flixt; eine verflixte Sache
ver|flu|chen → fluchen
ver|fol|gen; sie verfolgt ihn; die Verfolgung
die **Ver|gan|gen|heit**; vergangen
der **Ver|ga|ser**, die Vergaser
ver|ge|ben; sie vergibt ihm, ich vergab, ich habe vergeben; die Vergebung; vergeblich; vergebens (umsonst)
ver|gel|ten; die Vergeltung
ver|ges|sen, er vergisst, ich vergaß, ich habe vergessen; die Vergesslichkeit; vergesslich; vergiss nicht!
ver|gif|ten; die Vergiftung
das **Ver|giss|mein|nicht**
ver|glei|chen, sie vergleicht, ich verglich, ich habe verglichen; der Vergleich, die Vergleiche
das **Ver|gnü|gen**, die Vergnügen; sich vergnügen, er vergnügt sich; vergnügt; viel Vergnügen!
ver|grö|ßern; die Vergrößerung
ver|haf|ten; die Verhaftung
sich **ver|hal|ten**; das Verhalten
das **Ver|hält|nis**, die Verhältnisse; verhältnismäßig
das **Ver|hält|nis|wort**
ver|han|deln; die Verhandlung
ver|hau|en, sie verhaut
ver|heim|li|chen
ver|hei|ra|tet
ver|hin|dern; er verhindert es

 Ve

ver|hö|ren; das Verhör
ver|hun|gern, sie verhungert
ver|hü|ten; die Verhütung
sich **ver|ir|ren**, sie verirrt sich
ver|kau|fen → kaufen;
der Verkauf; der Verkäufer;
die Verkäuferin
der **Ver|kehr**; die Verkehrsampel;
der Verkehrsunfall
ver|kehrt; das ist verkehrt
ver|klei|den; er ist verkleidet;
die Verkleidung
ver|kün|di|gen, sie verkündet;
die Verkündigung
der **Ver|lag**, die Verlage;
der Verleger
ver|lan|gen, er verlangt
ver|län|gern, sie verlängert;
die Verlängerung;
das Verlängerungskabel
ver|las|sen, er verlässt,
ich verließ, ich habe verlassen
sich **ver|lau|fen** → laufen
ver|le|gen; er ist verlegen;
die Verlegenheit
ver|lei|hen → leihen; der Verleih
ver|let|zen; sie verletzt sich;
die Verletzung; der Verletzte;
die Verletzte

sich **ver|lie|ben**; verliebt; die Verliebten

ver|lie|ren, er verliert, ich verlor,
ich habe verloren
die **Ver|lo|bung**; die Verlobten;
sich verloben
ver|lo|cken; die Verlockung
die **Ver|lo|sung**; verlosen
der **Ver|lust**, die Verluste
die **Ver|mäh|lung**; sich vermählen
ver|meh|ren; die Vermehrung
ver|mei|den → meiden
ver|mie|ten; der Vermieter;
die Vermieterin
ver|mis|sen; sie vermisst etwas;
der Vermisste; die Vermisste;
die Vermisstenanzeige
das **Ver|mö|gen**; vermögend (reich);
du bist vermögend
ver|mu|ten; er vermutet es;
die Vermutung; vermutlich
ver|nach|läs|si|gen;
ich habe sie vernachlässigt;
die Vernachlässigung
ver|neh|men; die Vernehmung

Ve

ver|nei|gen; die Verneigung
ver|nich|ten; die Vernichtung
ver|nünf|tig; die Vernunft
ver|ord|nen; die Verordnung
ver|pa|cken → packen; die Verpackung
ver|pas|sen, sie verpasst, ich verpasste, ich habe verpasst; verpass nicht den Bus!
ver|pet|zen; er verpetzt sie
die **Ver|pfle|gung**; verpflegen
die **Ver|pflich|tung**; sich verpflichten
ver|prü|geln → prügeln
ver|ra|ten, sie verrät, ich verriet, ich habe verraten; der Verrat; verräterisch; der Verräter; die Verräterin
sich **ver|rech|nen**, sie verrechnet sich
ver|rei|ben → reiben
ver|rei|sen, er verreist
ver|ren|ken; sich den Fuß verrenken
ver|ros|ten; alles ist verrostet
ver|rückt; der Verrückte, die Verrückten
der **Vers** (Zeile eines Gedichtes), die Verse
ver|sa|gen; der Versager; die Versagerin
die **Ver|samm|lung**; sich versammeln
der **Ver|sand**; das Versandhaus; versenden → senden
ver|säu|men; das Versäumnis
ver|schen|ken → schenken
ver|scheu|chen → scheuchen
ver|schie|den; verschiedenartig
ver|schla|fen → schlafen
ver|schlie|ßen → schließen
sich **ver|schlu|cken**, er verschluckt sich
der **Ver|schluss**, die Verschlüsse
ver|schmut|zen; es ist verschmutzt; die Verschmutzung
ver|schnupft; ich bin verschnupft
ver|schwen|den; die Verschwendung; verschwenderisch
ver|schwin|den, er verschwindet, ich verschwand, ich bin verschwunden
ver|schwitzt
das **Ver|se|hen**; aus Versehen
ver|sen|den → senden; der Versand
ver|set|zen; er wird versetzt; die Versetzung
die **Ver|si|che|rung**, die Versicherungen; versichern
ver|sor|gen; die Versorgung
sich **ver|spä|ten**; die Verspätung
ver|spre|chen → sprechen; das Versprechen
der **Ver|stand**; verständig

A B C D E F G H I J K L M N O P Qu R S T U V W X Y Z

ver|stän|di|gen; er verständigt mich; die Verständigung; verständlich; das Verständnis; verständnisvoll

der **Ver|stär|ker**, die Verstärker; verstärken

ver|stau|chen; die Verstauchung

ver|ste|cken; sie versteckt es; das Versteck; die Verstecke

ver|ste|hen; er versteht mich; ich verstand, ich habe verstanden

die **Ver|stei|ge|rung**, die Versteigerungen; versteigern

die **Ver|stei|ne|rung**, die Versteinerungen

ver|stopft; das Rohr ist verstopft

ver|su|chen, sie versucht; der Versuch; die Versuchung

ver|tei|di|gen; die Verteidigung

ver|tei|len; die Verteilung

der **Ver|trag**, die Verträge

ver|tra|gen; er verträgt es; ich vertrug, ich habe vertragen

ver|trau|en; sie vertraut ihm; das Vertrauen; vertraulich

ver|träumt

ver|trei|ben → treiben

ver|tre|ten → treten; der Vertreter; die Vertreterin; die Vertretung

ver|un|glü|cken, er verunglückt

ver|ur|tei|len; die Verurteilung

Ve

die **Ver|viel|fäl|ti|gung**; vervielfältigen

ver|wah|ren; er verwahrt Geld

ver|wal|ten; die Verwaltung; die Stadtverwaltung

ver|wan|deln; die Verwandlung

ver|wandt; die Verwandtschaft; der Verwandte; die Verwandte

die **Ver|wechs|lung**, die Verwechslungen; verwechseln

ver|wei|gern; die Verweigerung

der **Ver|weis**, die Verweise

ver|wel|ken; die Blume verwelkt

ver|wen|den → wenden; die Verwendung

ver|wir|ren; verwirrt; ich bin verwirrt; die Verwirrung

ver|wit|tern; die Verwitterung

ver|wit|wet

ver|wöh|nen; sie verwöhnt mich

ver|wun|den; er ist verwundet; verwundbar; die Verwundung; der Verwundete; die Verwundete

ver|zau|bern → zaubern

ver|zeh|ren; der Verzehr

das **Ver|zeich|nis**, die Verzeichnisse

ver|zei|hen; sie verzeiht mir, ich verzieh, ich habe verziehen; die Verzeihung

ver|zich|ten; der Verzicht

ver|zwei|feln; die Verzweiflung
die [das] **Ves|per**; das Vesperbrot
der **Vet|ter**, die Vettern
das **Vi|deo**, die Videos; der Videorekorder
das **Vieh**; die Viehherde
viel, mehr, am meisten; viel Geld; viele Kinder; vielerlei; vielfältig; vielmals
viel|leicht
vier; vierzehn; vierzig; vierfach; die Vier; der Vierer; das Viereck; viereckig; das Viertel; eine Viertelstunde
die **Vil|la**, die Villen
vi|o|lett (veilchenblau)
die **Vi|o|li|ne** (Geige), die Violinen
der [das] **Vi|rus** (Krankheitserreger), die Viren; die Virusgrippe
die **Vi|si|te** (Besuch des Arztes), die Visiten
die **Vi|si|ten|kar|te** (Karte mit Namen), die Visitenkarten
das **Vi|ta|min**, die Vitamine

der **Vo|gel**, die Vögel; die Vogelscheuche
die **Vo|ka|bel** (Wort), die Vokabeln; Vokabeln lernen
der **Vo|kal** (Selbstlaut), die Vokale
das **Volk**, die Völker; das Volkslied

voll, voller, am vollsten; völlig; vollkommen; vollständig; die Vollmilch
der **Vol|ley|ball** (Flugball), die Volleybälle
vom (von dem); vom Baum fallen
von; voneinander
vor; er steht vor dem Tor
vo|ran [vor|an]; vorankommen
vo|raus [vor|aus]; voraussichtlich
vor|bei
vor|bei|ge|hen → gehen
vor|be|rei|ten; die Vorbereitung
vor|beu|gen; die Vorbeugung
das **Vor|bild**, die Vorbilder; vorbildlich
vor|de|re; die vordere Reihe; der Vordergrund; das Vorderrad
sich **vor|drän|gen**; sich vordrängeln
die **Vor|fahrt**; das Vorfahrtsschild
der **Vor|fall**, die Vorfälle
der **Vor|ge|setz|te**, die Vorgesetzten
vor|ges|tern; vorgestern früh
der **Vor|hang**, die Vorhänge
vor|her; die Vorhersage
vor|hin; er kam vorhin
vo|rig; im vorigen Jahr
vor|kom|men; es kommt vor
vor|läu|fig
vor|laut; sie ist vorlaut
vor|le|sen, sie liest vor, ich las vor, ich habe vorgelesen

der **Vor|mit|tag**, die Vormittage; am Vormittag; vormittags; heute Vormittag

vorn [vorne]; vornüber

der **Vor|na|me**, die Vornamen

vor|nehm; sie ist vornehm

der **Vor|ort**, die Vororte

der **Vor|rat**, die Vorräte; vorrätig

die **Vor|schau**

der **Vor|schlag**, die Vorschläge

die **Vor|schrift**, die Vorschriften; vorschriftsmäßig

vor|sich|tig; die Vorsicht

die **Vor|sil|be**, die Vorsilben

der **Vor|sprung**

die **Vor|stel|lung**, die Vorstellungen; sich vorstellen

der **Vor|teil**, die Vorteile; vorteilhaft

der **Vor|trag**, die Vorträge

vor|treff|lich (ausgezeichnet)

vo|rü|ber [vor|ü|ber]; vorübergehend

der **Vor|ver|kauf**; die Vorverkaufsstelle

vor|wärts

vor|wer|fen → werfen; der Vorwurf, die Vorwürfe

vor|zie|hen → ziehen

der **Vor|zug**; vorzüglich

der **Vul|kan**, die Vulkane

die **Waa|ge**, die Waagen; die Briefwaage; waagerecht [waagrecht]

die **Wa|be**, die Waben

wach; wachsam; wachen; die Wachsamkeit; die Wache; der Wächter; wach bleiben

der **Wa|chol|der**; die Wacholderbeere

das **Wachs**; die Wachskerze; einwachsen

wach|sen, sie wächst, ich wuchs, ich bin gewachsen; das Gewächs; das Wachstum; der Wuchs

wa|ckeln, er wackelt; wackelig [wacklig]; der Wackelpudding

die **Wa|de**, die Waden

die **Waf|fe**, die Waffen

die **Waf|fel**, die Waffeln

der **Wa|gen**, die Wagen

wa|gen; sie wagt es; das Wagnis; waghalsig

der **Wag|gon** [Wagon], die Waggons

wäh|len, er wählt; die Wahl, die Wahlen; der Wahlkampf; das Wahllokal; der Wähler; die Wählerin

wahn|sin|nig; der Wahnsinn

wahr; es ist wahr; die Wahrheit; wahrscheinlich

wäh|rend; während der Zeit; währenddessen

wahr|neh|men → nehmen; du nimmst es wahr; die Wahrnehmung

die **Wäh|rung** (Geldeinheit, z. B. Euro), die Währungen

das **Wahr|zei|chen** (Denkmal), die Wahrzeichen

die **Wai|se** (Kind ohne Eltern), die Waisen; das Waisenkind

der **Wal**, die Wale

der **Wald**, die Wälder; der Urwald; das Waldsterben

der **Walk|man** (kleiner Rekorder), die Walkmen [Walkmans]

der **Wall** (Erdwall), die Wälle

die **Wall|fahrt** (Pilgerfahrt), die Wallfahrten

die **Wal|nuss**, die Walnüsse

das **Wal|ross**, die Walrosse

die **Wal|ze**, die Walzen; die Straßenwalze; walzen; die Straße wird gewalzt

wäl|zen; er wälzt sich

der **Wal|zer**; Wiener Walzer tanzen

die **Wand**, die Wände; die Wandtafel

der **Wan|del**; sich wandeln

wan|dern, sie wandert; der Wanderer [Wandrer]; die Wanderin [Wandrerin]; der Wandertag; die Wanderung

die **Wan|ge**, die Wangen

wann; wann fährst du?

die **Wan|ne**, die Wannen

die **Wan|ze**, die Wanzen

das **Wap|pen**, die Wappen; das Stadtwappen

war → sein; er war krank

ich **wä|re** → sein; ich wäre gekommen

die **Wa|re**, die Waren; das Warenhaus

warm, wärmer, am wärmsten; warmherzig

die **Wär|me**; die Wärmflasche; wärmen; er wärmt mich

war|nen; sie warnt mich; die Warnung; das Warnsignal

War|schau (Hauptstadt von Polen)

ihr **wart** → sein; ihr wart da

war|ten, sie wartet; der Wärter; die Wärterin; das Wartezimmer

wa|rum [war|um]; warum bist du da?

die **War|ze**, die Warzen

was; was ist los?
wa|schen, er wäscht, ich wusch, ich habe gewaschen; die Wäsche; die Wäscherei; die Waschmaschine
das **Was|ser**; die Wasserleitung; wasserdicht; wasserscheu; wässrig; die Suppe ist wässrig
wa|ten; der Storch watet
wat|scheln; die Ente watschelt
das **Watt**; das Wattenmeer
das **Watt**; die Glühbirne hat 60 Watt
die **Wat|te**; wattieren
das **WC** (Wasserklosett, Klo), die WCs
we|ben; der Webstuhl
wech|seln; er wechselt das Geld; der Wechsel
der **Weck** [die Wecke, der Wecken] (Brötchen), die Wecke [Wecken]
we|cken; sie weckt mich; der Wecker
we|deln; der Hund wedelt
we|der; weder du noch ich
weg; er ist weg
der **Weg**, die Wege
we|gen; wegen des Regens
weg|fah|ren → fahren
weg|ge|hen → gehen
weg|lau|fen → laufen
weg|neh|men → nehmen
der **Weg|wei|ser**, die Wegweiser
weg|wer|fen → werfen
weh tun; wehleidig
die **We|he**; die Schneewehe
die **We|hen** bei der Geburt
we|hen; die Fahne weht
weh|ren; wehrlos; sich zur Wehr setzen
das **Weh|weh|chen**, die Wehwehchen
das **Weib**, die Weiber; weiblich
weich; weichherzig
die **Wei|che**, die Weichen
wei|chen, er weicht, ich wich, ich bin gewichen
die **Wei|de**, die Weiden

sich **wei|gern**, sie weigert sich; die Weigerung
wei|hen; die Weihe; der Weihrauch; das Weihwasser
Weih|nach|ten [die Weihnacht]; der Weihnachtsabend; der Weihnachtsmann; weihnachtlich; es weihnachtet
weil; weil ich krank war, ...
die **Wei|le**; eine Weile warten

der **Wein**, die Weine; die Weintraube

wei|nen, er weint; weinerlich

wei|se (klug); sie ist weise; die Weisen (kluge Leute); die Weisheit; der Weisheitszahn

die **Wei|se**; die Art und Weise

wei|sen (zeigen), er weist den Weg, ich wies, ich habe gewiesen

weiß; das weiße Kleid

Weiß|russ|land; der Weißrusse; die Weißrussen, die Weißrussin; weißrussisch

weit, weiter, am weitesten; von weitem; ohne weiteres; weitsichtig; das Weite suchen; der Weitsprung

wei|ter|fah|ren → fahren

wei|ter|ge|hen → gehen

wei|ter|lau|fen → laufen

der **Wei|zen**; das Weizenmehl

welch; welch ein Wunder!; welche Frau?; welcher Mann?; welches Kind?

wel|ken; die Pflanze welkt; das Blatt ist welk

die **Wel|le**, die Wellen; das Wellenbad

der **Wel|len|sit|tich**, die Wellensittiche

der **Wel|pe** (junger Hund), die Welpen

die **Welt**, die Welten; das Weltall; der Weltraum; der Weltrekord; weltberühmt; weltfremd; die Dritte Welt

wem; wem hilfst du?

der **Wem|fall** (3. Fall, Dativ)

wen; wen rufst du?

die **Wen|del|trep|pe**, die Wendeltreppen

wen|den (umdrehen), er wendet, ich wandte [wendete], ich habe gewandt [gewendet]; die Wendung; wendig

der **Wen|fall** (4. Fall, Akkusativ)

we|nig, weniger, am wenigsten; ein wenig (ein bisschen) Zeit; wenigstens

wenn; wenn du gesund bist, …

wer; wer ist da?

wer|ben, er wirbt, ich warb, ich habe geworben; die Werbung; die Werbesendung

wer|den, du wirst, er wird, ich wurde, ich bin geworden

der **Wer|fall** (1. Fall, Nominativ)

wer|fen, sie wirft, ich warf, ich habe geworfen; wirf!; der Wurf

die **Werft**, die Werften

das **Werk**, die Werke; die Werkstatt; das Werkzeug; der Werktag; werktags

wert; wertvoll; wertlos; der Wert, die Werte; der Wertgegenstand

we|sent|lich (wichtig)

die **We|ser** (Fluss)

der **Wes|fall** (2. Fall, Genitiv)

wes|halb; weshalb gehst du?

die **Wes|pe**, die Wespen

wes|sen; wessen Buch ist das?

der **Wes|ten**; der Wilde Westen; westlich; westwärts

West|fa|len; westfälisch

wet|ten, er wettet; die Wette; der Wettbewerb; der Wettkampf; der Wettlauf

das **Wet|ter**; der Wetterbericht; die Wettervorhersage; wetterfest

wet|zen, sie wetzt (das Messer)

der **Wicht**, die Wichte; das Wichtelmännchen

wich|tig, wichtiger, am wichtigsten; alles Wichtige; sich wichtig machen

wi|ckeln; sie wickelt es ein; der Wickel (Umschlag), die Wickel

der **Wid|der** (männliches Schaf), die Widder

wi|der (gegen, entgegen); das ist wider meinen Willen; der Widerstand; widerwillig; widerspenstig; widerlich; widersprechen; der Widerspruch

wid|men; die Widmung

wie; wie bitte?; so groß wie …; wie viel Geld hast du?; wie viele Äpfel hast du?; wie weit ist es?

wie|der (noch einmal); wiederholen; die Wiederholung; das Wiedersehen

wie|gen; er wiegt den Brief; ich wog ihn; ich habe ihn gewogen

wie|gen; sie wiegt das Kind; ich habe es gewiegt; die Wiege

wie|hern; das Pferd wiehert

Wien (Hauptstadt von Österreich); das Wiener Würstchen

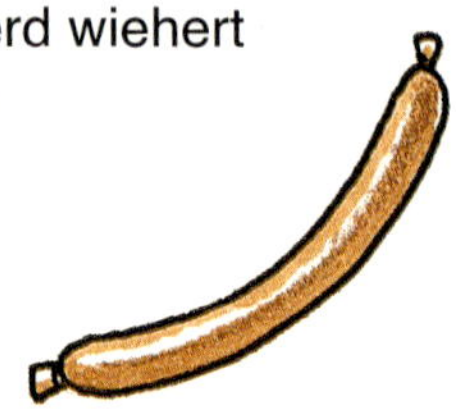

Wies|ba|den

die **Wie|se**, die Wiesen

das **Wie|sel**, die Wiesel; wieselflink

wie|so; wieso lachst du?

das **Wie|wort** (Eigenschaftswort, Adjektiv), die Wiewörter

wild, wilder, am wildesten; das wilde Tier; das Wild; das Wildschwein; die Wildnis; wildfremd

sie **will** → wollen

der **Wil|le**; willig; widerwillig

will|kom|men

will|kür|lich; die Willkür
Wil|na (Hauptstadt von Litauen)
wim|meln, es wimmelt
wim|mern, er wimmert
der **Wim|pel** (dreieckige Fahne), die Wimpel
die **Wim|per**, die Wimpern
der **Wind**, die Winde; windig; das Windrad; die Windpocken
die **Win|del**, die Windeln
win|den, er windet, ich wand, ich habe gewunden; die Windung
der **Win|kel**, die Winkel; winkelig [winklig]
win|ken, sie winkt, ich winkte, ich habe gewinkt; der Wink
win|seln; der Hund winselt; das Winseln
der **Win|ter**, die Winter; winterlich
der **Win|zer** (Weinbauer), die Winzer
win|zig; ein winziger Schluck
wip|pen, er wippt; die Wippe, die Wippen

wir; wir beide
wir|beln; die Blätter wirbeln; der Wirbel; der Wirbelwind; die Wirbelsäule; das Wirbeltier
es **wird** → werden; es wird kalt
sie **wirft** → werfen
wir|ken; die Tablette wirkt; die Wirkung; wirksam
wirk|lich; die Wirklichkeit
wirr; der Wirrwarr
der **Wirt**, die Wirte; die Wirtin; das Wirtshaus; die Wirtschaft
wi|schen; er wischt Staub; der Wischlappen
wis|sen, er weiß, ich wusste, ich habe gewusst; das Wissen; die Wissenschaft; der Wissenschaftler
wit|tern; er wittert Gefahr; die Witterung
die **Wit|we**, die Witwen; der Witwer
der **Witz**, die Witze; der Witzbold; witzig; witzlos
wo; wo bist du?
wo|an|ders
wo|bei
die **Wo|che**, die Wochen; wöchentlich; das Wochenende; wochenlang
wo|durch; wodurch kam das?
wo|für; wofür soll ich bezahlen?

wo|her; woher kommst du?
wo|hin; wohin gehst du?
wohl, wohler, am wohlsten;
wohlhabend; wohlwollend;
das Wohl; zum Wohl!;
die Wohltat; der Wohlstand
woh|nen, sie wohnt; bewohnt
die **Woh|nung**, die Wohnungen;
das Wohnmobil
der **Wolf**, die Wölfe
die **Wol|ke**, die Wolken; wolkig
die **Wol|le**; das Wollknäuel
wol|len, du willst, er will,
ich wollte, ich habe gewollt
wo|ran; worauf; woraus; worin;
womit; worüber; worum;
worunter; wovon; wovor; wozu
das **Wort**, die Wörter; wörtlich;
das Wörterbuch
das **Wrack** (stark beschädigtes Schiff),
die Wracks
wrin|gen, er wringt, ich wrang,
ich habe gewrungen; auswringen
der **Wuchs** → wachsen
die **Wucht**; wuchtig
wüh|len, sie wühlt
die **Wun|de**, die Wunden; wund
das **Wun|der**, die Wunder; wunderbar;
wunderschön

sich **wun|dern**, er wundert sich
wün|schen, sie wünscht;
ich habe es gewünscht;
der Wunsch, die Wünsche;
der Wunschzettel
er **wur|de** → werden; er wurde alt
der **Wurf**, die Würfe
der **Wür|fel**,
die Würfel;
würfeln
wür|gen;
sie würgt ihn

der **Wurm**, die Würmer; wurmstichig
die **Wurst**, die Würste; das Würstchen
die **Wur|zel**, die Wurzeln
wür|zen, sie würzt; würzig
sie **wuss|te** → wissen; sie wusste viel
die **Wüs|te**, die Wüsten; wüst
die **Wut**; der Wutanfall; wütend

X bis Y

die **X-Bei|ne**; er geht X-beinig [x-beinig]
x-be|lie|big (irgendein)
x-fach (vielfach)
x-mal (sehr oft); er rief x-mal
das **Xy|lo|fon** [Xylophon] (Musikinstrument), die Xylofone

die **Yacht** [Jacht] (Schiff), die Yachten
der **Yak** [Jak] (Hochgebirgsrind), die Yaks
das [der] **Yo|ga** [Joga]
das **Yp|si|lon** (Buchstabe), die Ypsilons

Za

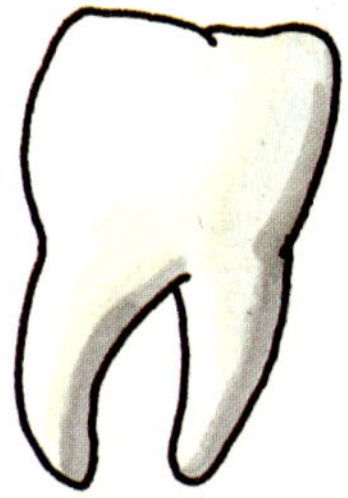

die **Za|cke** [der Zacken], die Zacken; zackig; gezackt
zag|haft (zögernd)
Zag|reb [Za|greb] (Hauptstadt von Kroatien)
zäh, zäher, am zähesten; zähflüssig; die Zähigkeit
die **Zahl**, die Zahlen; zahllos; zahlreich
zah|len, sie zahlt
zäh|len, er zählt; gezählt; der Zähler; die Zählung
zahm; zähmen; gezähmt; die Zähmung
der **Zahn**, die Zähne; der Zahnarzt; die Zahnärztin; die Zahnpasta; die Zahnschmerzen
die **Zan|ge**, die Zangen
sich **zan|ken**; er zankt sich mit ihr; der Zank; zänkisch
der **Zap|fen**, die Zapfen; das Zäpfchen; zapfen; die Zapfsäule
zap|peln; zappelig [zapplig]

zart; zärtlich; die Zärtlichkeit

zau|bern, er zaubert; die Zauberei; der Zauberer, die Zauberer; die Zauberin

der **Zaun**, die Zäune

das **Zeb|ra [Ze|bra]**, die Zebras

die **Ze|cke** [der Zeck] (Milbe), die Zecken [Zecke]

die **Ze|he** [der Zeh], die Zehen; auf Zehenspitzen gehen

zehn; zehntausend; zehnfach; zehntens; die Zehn; der Zehner; ein Zehntel

das **Zei|chen**, die Zeichen

zeich|nen, sie zeichnet; die Zeichnung; der Zeichenblock; der Zeichner; die Zeichnerin

zei|gen, er zeigt; der Zeiger; der Zeigefinger

die **Zei|le**, die Zeilen

die **Zeit**, die Zeiten; eine Zeit lang; der Zeitpunkt; zeitig; zeitweise

die **Zeit|schrift**, die Zeitschriften

die **Zei|tung**, die Zeitungen

das **Zeit|wort** (Tunwort, Verb)

die **Zel|le**, die Zellen

das **Zelt**, die Zelte; der Zeltplatz; zelten; ich habe gezeltet

der **Ze|ment** (Baustoff); zementieren

die **Zen|sur**, die Zensuren; zensieren

der [das] **Zen|ti|me|ter** [cm], die Zentimeter

der **Zent|ner** [Ztr.], die Zentner

zent|ral [zen|tral] (in der Mitte); die Zentrale; die Zentralheizung

das **Zent|rum [Zen|trum]**, die Zentren

der **Zep|pe|lin**, die Zeppeline

zer|bre|chen; er zerbricht es; ich zerbrach, ich habe zerbrochen; zerbrechlich

zer|fet|zen; zerfetzt

zer|klei|nern; er zerkleinert Holz

zer|knül|len, er zerknüllt

zer|quet|schen; zerquetscht

zer|rei|ßen; sie zerreißt es, ich zerriss, ich habe zerrissen

zer|ren; die Zerrung

zer|split|tern; zersplittert

zer|stö|ren; die Zerstörung

zer|streu|en; er ist zerstreut; die Zerstreuung

ze|tern (schreien; jammern), er zetert; das Gezeter

der **Zet|tel**, die Zettel

das **Zeug**; das Werkzeug

der **Zeu|ge**, die Zeugen; die Zeugin; die Zeugenaussage
das **Zeug|nis**, die Zeugnisse
der **Zick|zack**; im Zickzack laufen
die **Zie|ge**, die Ziegen
der **Zie|gel**, die Ziegel; der Ziegelstein
zie|hen, er zieht, ich zog, ich habe gezogen; die Ziehung
das **Ziel**, die Ziele; zielen; ziellos; zielstrebig; zielbewusst
ziem|lich
die **Zier** [Zierde]; verziert; zierlich
die **Zif|fer**, die Ziffern; das Zifferblatt
die **Zi|ga|ret|te**, die Zigaretten; der Zigarettenautomat
die **Zi|gar|re**, die Zigarren
das **Zim|mer**, die Zimmer; zimmern; der Zimmermann
zim|per|lich
der **Zimt** (Gewürz); Zimt und Zucker
das **Zink** (Metall); das Zinkblech
das **Zinn** (Metall); der Zinnteller
der **Zins** (die Zinsen)
der **Zip|fel**, die Zipfel; die Zipfelmütze
zir|ka [circa, ca.] (ungefähr)
der **Zir|kel**, die Zirkel
der **Zir|kus**, die Zirkusse; das Zirkuszelt
zir|pen; die Grille zirpt
zi|schen, es zischt

die **Zi|tro|ne [Zit|ro|ne]**, die Zitronen
die **Zi|trus|früch|te [Zit|rus|früch|te]**
zit|tern; zittrig [zitterig]
die **Zit|ze**, die Zitzen
zi|vil; die Zivilisation
zö|gern, er zögert; zögernd
der **Zoll**, die Zölle; der Zöllner; verzollen; zollfreie Ware
der **Zoll|stock**, die Zollstöcke

die **Zo|ne**, die Zonen
der **Zoo**, die Zoos; die Zootiere
das **Zoom** (Fotoobjektiv), die Zooms; zoomen
der **Zopf**, die Zöpfe
der **Zorn**; zornig; sie ist zornig
zot|te|lig; ein zotteliges Fell
zu; zu Hause; er weiß zu viel; ich habe zu wenig Geld bei mir; zu Bett gehen
zu|al|ler|erst; zuallerletzt
das **Zu|be|hör**
zu|be|rei|ten; Essen zubereiten
die **Zucht**; die Züchtung; züchten
zu|cken; der Blitz zuckt; die Zuckung, die Zuckungen
der **Zu|cker**; zuckern; zuckersüß; zuckerkrank

zu|de|cken; sie deckt sich zu; zugedeckt; die Zudecke

zu|ein|an|der [zu|ei|nan|der]

zu|erst; ich bin zuerst da

die **Zu|fahrt**, die Zufahrten; die Zufahrtsstraße

der **Zu|fall**, die Zufälle; zufällig

zu|frie|den; ich bin zufrieden; die Zufriedenheit

der **Zug**, die Züge; die Zugmaschine

zu|ge|ben → geben; die Zugabe

der **Zü|gel**, die Zügel; zügeln

zü|gig (schnell)

zu|gleich (gleichzeitig)

zu|grei|fen → greifen

zu|grun|de [zu Grunde] gehen

zu|guns|ten [zu Gunsten]

zu|hal|ten → halten

das **Zu|hau|se**; mein Zuhause; zu Hause sein

der **Zu|hö|rer**, die Zuhörer; die Zuhörerin; zuhören

zu|kle|ben; du klebst den Brief zu

zu|knöp|fen; zugeknöpft

die **Zu|kunft**; zukünftig

zu|las|sen → lassen

zu|läs|sig (erlaubt)

zu|lei|de [zu Leide]

zu|letzt; ich kam zuletzt

mir **zu|lie|be**

zum (zu dem); ich ging zum Arzt

zum Bei|spiel [z. B.]

zu|ma|chen → machen

zu|min|dest (mindestens)

zu|nächst

der **Zu|na|me** (Familienname)

zün|den; sie zündet Feuer an; die Zündung; das Zündholz

zu|neh|men; die Zunahme

die **Zun|ge**, die Zungen

zup|fen, er zupft

zur (zu der); ich gehe zur Schule

zu|recht; sich zurechtfinden

zu|rück; zurück sein

zu|rück|ge|ben → geben

zu|rück|keh|ren, du kehrst zurück

zu|rück|kom|men → kommen

der **Zu|ruf**, die Zurufe; zurufen

zu|sam|men; die Zusammenarbeit

zu|sam|men|fas|sen → fassen; die Zusammenfassung

zu|sam|men|hän|gen → hängen; der Zusammenhang

zu|sam|men|schrei|ben → schreiben; die Zusammenschreibung

zu|sam|men|set|zen → setzen; die Zusammensetzung

zu|sam|men|sto|ßen → stoßen; der Zusammenstoß

zu|sam|men|zäh|len → zählen
der **Zu|satz**, die Zusätze
der **Zu|schau|er**, die Zuschauer; die Zuschauerin; zuschauen
zu|schlie|ßen → schließen
zu|se|hen → sehen
zu|sen|den → senden
der **Zu|stand**, die Zustände; zuständig
zu|stan|de [zu Stande] bringen
zu|stim|men; die Zustimmung
die **Zu|tat**, die Zutaten
zu|trau|lich; das Zutrauen
der **Zu|tritt**; Zutritt verboten!
zu|ver|läs|sig; die Zuverlässigkeit
zu|ver|sicht|lich; die Zuversicht
zu|vor; zuvorkommen
zu|wi|der; das ist mir zuwider
zu|zie|hen → ziehen
der **Zwang**, die Zwänge; zwanglos; zwängen; gezwängt
zwan|zig; die Zwanzig; der Zwanzigeuroschein
zwar; ich bin zwar müde, aber …

der **Zweck**; zwecklos; zweckmäßig
zwei; zu zweit; zweifach
der **Zwei|fel**, die Zweifel; zweifeln; zweifellos
der **Zweig**, die Zweige
der **Zwerg**, die Zwerge
die **Zwet|sche** [Zwetschge, Zwetschke], die Zwetschen
zwi|cken; sie zwickt mich; die Zwickmühle
der **Zwie|back**, die Zwiebäcke
die **Zwie|bel**, die Zwiebeln
zwie|späl|tig; der Zwiespalt
der **Zwil|ling**, die Zwillinge; das Zwillingspaar
zwin|gen; sie zwingt ihn; ich zwang, ich habe gezwungen
der **Zwin|ger** (Käfig für Tiere), die Zwinger
zwin|kern; er zwinkert mir zu
der **Zwirn** (Garn), die Zwirne
zwi|schen; zwischendurch; der Zwischenraum
zwit|schern, es zwitschert
zwölf; zwölffach; zwölftausend; die Zwölf
der **Zy|lin|der**, die Zylinder; der Zylinderhut

Übungen zum Nachschlagen

Wer kennt sich aus im Abc?

Abc-Reim

A B C D E F G
H I J K L M N O P
Qu R S T U V W
X Y Z

Ein Hase hoppelt durch den Schnee.
Er passt nicht auf, rutscht in den See.
Zum Glück errettet ihn die Fee.
Ab ins Bett!

1. Kannst du das Abc auswendig aufsagen?

2. Denke dir auch einen Abc-Reim aus.

Kinder-Abc

Lena feiert Geburtstag.
Beim Dosenwerfen
geht es der Reihe nach.

3. Wer beginnt?

4. Ordne alle Vornamen nach dem Abc. ✏

Abc-Zwillinge

Timo fängt an. Er nennt zwei Wörter, die den gleichen Anfangsbuchstaben haben. Dann ruft er Lena auf. Sie muss sagen, welches Wort zuerst im Abc steht: Nun ist sie an der Reihe und nennt Abc-Zwillingswörter.

Buch	Hexe	April	Finger	Telefon
Bett	Hose	Arm	Fliege	Tisch

1. Ordne die Abc-Zwillingswörter. ✏

Abc-Quartett

Sarah hat Spielkarten gebastelt. Immer vier gehören zusammen.

2. Jedes Quartett muss noch sortiert werden. Findest du die richtige Reihenfolge? Auf den dritten Buchstaben kommt es an. ✏

Nomen

Teekesselwörter

1. Kannst du diese Teekesselwörter richtig schreiben?
   Kontrolliere mit dem Wörterverzeichnis.

2. Suche weitere Teekesselwörter.

Nomen in der Mehrzahl

Wie viele gibt es von jeder Sorte?
Felix zählt: vier Bälle, drei ...
Wenn du die Wörter im Wörterverzeichnis
nachschlagen willst, musst du zuerst die Einzahl bilden.

3. Schreibe so: *Bälle – Ball, Bäume – ...*

Zusammengesetzte Nomen

1. Schreibe die zusammengesetzten Nomen auf:
   Handschuh, ...

2. Hast du richtig geschrieben? Im Wörterverzeichnis musst du jedes Wort für sich nachschlagen.
   Notiere die Seitenzahl:
   Hand: Seite ..., Schuh: Seite ... , ...

Formen von Verben

Gestern f... wir mit meiner Tante in den Zoo.
Zuerst g... wir ins Schimpansenhaus.
Ein kleiner Affe f... gerade eine Banane.
Als er fertig war, w... er mir die Schale an den Kopf.

3. Welche Wörter gehören in die Lücken?

4. Wenn du diese Wörter im Wörterverzeichnis nachschlagen willst, musst du zuerst die Grundformen suchen: fuhren – fahren, ...

Das Wörterbuch für die Grundschule
wurde erarbeitet von Gisela Winter.

Illustration:
Anja Rieger

1. Auflage Druck 5 4 3 2
Herstellungsjahr 2006 2005 2004 2003 2002
Alle Drucke dieser Auflage können im Unterricht
parallel verwendet werden.

www.westermann.de

Verlagslektorat: Nicole Amrein, Nicole Hotopp, Marlies Kaps
Lay-out und Herstellung: Annette Henko

Druck und Bindung: westermann druck GmbH, Braunschweig

ISBN 3-14-**12 0598**-1

1. Wörterverzeichnis

2. Wörterverzeichnis

Übungen zum Nachschlagen